上級レベル

タスクで学ぶ
日本語ビジネスメール・ビジネス文書

村野節子・向山陽子・山辺真理子 著

適切にメッセージを伝える力の養成をめざして

スリーエーネットワーク

©2014 by MURANO Setsuko, MUKOYAMA Yoko and YAMABE Mariko

All rights reserved. No part of this publication may be reproduced, stored in a retrieval system or transmitted in any form or by any means, electronic, mechanical, photocopying, recording, or otherwise, without the prior written permission of the Publisher.

Published by 3A Corporation.
Trusty Kojimachi Bldg., 2F, 4, Kojimachi 3-Chome, Chiyoda-ku, Tokyo 102-0083, Japan

ISBN978-4-88319-699-9 C0081

First published 2014
Printed in Japan

はじめに

本書は日本企業や海外の日系企業に就職を希望する留学生のためのビジネスメール・ビジネス文書のテキストです。会話教材『ロールプレイで学ぶビジネス日本語　グローバル企業でのキャリア構築をめざして』（スリーエーネットワーク2012）の姉妹編として作成しました。私たちはビジネス日本語教育に携わる中で、ビジネス会話の教材開発と並行して、ビジネスメール・文書作成指導のための教材研究も行ってきました。ビジネスメール・文書に関する既存の書籍は日本人向けのものも含めるとかなりの数に上り、有用なものもたくさんあります。しかし、どれも留学生のビジネスメール・文書作成能力を養成するための授業で使用するには不十分だと感じていました。

メールや文書を作成する目的はメッセージを相手に伝えることです。その目的を達成するためには何をどのように伝えるかを考える必要があります。そのため、私たちは教材開発において、単にビジネスメールやビジネス文書で使用される語彙・表現を覚えさせるのではなく、何をどのように書くべきか考えさせることを重視しました。この5年余りの間、教育実践の中でその効果を検証しながら改善を積み重ね、最終的にストーリーの中でタスク形式の問題を提示するという形にたどり着きました。

本書はクラス授業に使用することを念頭に置いて作成しましたが、解答例に留意点などの解説を付けてありますので、自習用にも十分活用していただけると思います。近年、ビジネス日本語教育に対するニーズが高まっています。ビジネス場面で通用する書く能力の養成を目指す多くの方々に本書をお使いいただけることを願っています。最後になりましたが、教育実践に協力してくださった武蔵野大学大学院ビジネス日本語コース、および立教大学の留学生の皆様、試用後にコメントをくださった教員の皆様に心よりお礼申し上げます。また、本書がこのような形になるまで様々な助言をしてくださった株式会社スリーエーネットワークの佐野智子さんに深く感謝申し上げます。

2014年9月

筆者一同

目次

はじめに
本書のねらい …………………………………………………………………… 005
本書の特徴・使い方 ……………………………………………………………… 006
授業展開の具体例 ………………………………………………………………… 008
本書に登場する会社と人物 ……………………………………………………… 010
ビジネスメール・ビジネス文書の基本
 1. ビジネスメール ……………………………………………………………… 014
 2. ビジネス文書 ………………………………………………………………… 015
 3. ウォーミングアップ−1 …………………………………………………… 016
 4. ウォーミングアップ−2 …………………………………………………… 019
 5. まとめ−1　社内メールと社外メール …………………………………… 025
 6. まとめ−2　社内文書と社外文書 ………………………………………… 026
 7. ビジネスメール・文書作成に役立つ表現 ………………………………… 027

UNIT 1　展示会に行く
 1課　お知らせ（社内） ………………………………………………………… 030
 2課　お知らせ（社外） ………………………………………………………… 033
 3課　お礼（社外）・日報（社内） ……………………………………………… 036

UNIT 2　受注する
 4課　送付依頼 …………………………………………………………………… 042
 5課　納期延長依頼 ……………………………………………………………… 045
 6課　照会（在庫） ……………………………………………………………… 048

UNIT 3　クレームを受ける
 7課　照会（商品未着・数量不足） …………………………………………… 052
 8課　社内会議1 ………………………………………………………………… 056

UNIT 4　セミナーを開催する
 9課　依頼（セミナーの講師） ………………………………………………… 062
 10課　稟議書（伺い書） ………………………………………………………… 065

UNIT 5　新規顧客を開拓する
 11課　社内会議2 ………………………………………………………………… 070
 12課　紹介依頼 ………………………………………………………………… 074

UNIT 6　報告書・始末書を書く
 13課　出張報告 ………………………………………………………………… 078
 14課　始末書 …………………………………………………………………… 083

メール文用解答用紙 ……………………………………………………………… 087
練習問題解答および解答例 ……………………………………………………… 088

本書のねらい

◆「書く」場面におけるビジネス日本語運用能力の養成

　本書に先立ち刊行された『ロールプレイで学ぶビジネス日本語』（スリーエーネットワーク2012）はビジネスの現場で必要とされる総合的な能力を、異文化調整能力を軸として養成することを目標としたテキストですが、メールや文書作成能力は視野に入っていません。そのため、本書はその点を補完すべく、ビジネス場面での「書く能力」の養成を主な目的としました。

　日本企業や海外の日系企業に就職を希望する日本語学習者の多くは、学習した知識やスキルが現実のビジネス場面で通用するのだろうかと不安に感じています。本書は、そのような日本語学習者のために、現実場面で起こり得る問題をタスクとして教材化しました。「自ら考えて書く」ことが求められるタスク形式を採用することで、実際に活用できるビジネスメール、ビジネス文書作成能力を養成することを目指しました。

◆ビジネス社会へのソフトランディング

　ビジネスメールやビジネス文書は、会社関係、人間関係、企業文化などを考慮に入れ、伝えるべき内容を状況から判断して的確に書かなければなりません。本書では、一連のストーリーの中で、日本語で「書く」ことが求められる状況を設定し、ビジネス場面で書く可能性が高いと思われるメール、文書のタスクを提示しました。

　全課を通して登場する会社、人物は、日本語学習者が自分を投影しやすいよう外国人社員を中心に設定してあります。また、どのタスクもストーリーの中で関連性を持たせてあるため、日本語を「書く」作業によって得た知識が、単に断片的な知識の集積として終わるのではなく、仕事の流れの中で整理されます。

　ビジネスの現場で起こりうる状況の中で様々なタスクを繰り返し行うことは、問題の所在がどこにあり、何をどう書けば効果的なのかを考える力（問題発見・解決能力）の養成に繋がります。そのような能力を身に付けさせることを通し、実務経験のない日本語学習者や新人社員の実社会へのソフトランディングを助けることも本書の大きな目的です。

本書の特徴・使い方

　本書は6Unit、14課で構成され、それぞれの課には2～4のタスクがあります。各Unitではビジネスの現場で起こりそうなストーリーが展開されます。全体をストーリー仕立てにすることで、メールや文書を作成する際、仕事の流れや人間関係などを考えながら、課題に取り組めるようにしました。

　6つのUnitの前に、「ビジネスメール・ビジネス文書の基本」とウォーミングアップのための練習問題を載せました。ビジネスメール、ビジネス文書作成のタスクに入る前の復習や練習として役立ててください。

会社紹介・登場人物・取引関係　p.10 ～ 11
　　　YMプラスティックス株式会社包装資材部1課の林浩(りんこう)を中心に、課内、および社内の他の部署の登場人物のプロフィールをまとめました。また、社外の取引関係や人間関係も図示しました。これらの設定を理解することで、与えられた状況に沿って自分で考えながらタスクが遂行できます。

Unitのトップページ
　　　各ユニットの初めにストーリーを載せました。ストーリーの流れの中で人間関係や状況を理解し、タスク遂行のために必要なことを考えてメールや文書を作成することで運用力が養成されます。

各課（1課～14課）

・役に立つ表現
　　　その課のタスク遂行に役に立つ表現をビジネスの現場でよく使われる例文と共に示しました。学生のレベルに応じて、各課のウォーミングアップとして使用してください。

・練習問題
　　　役に立つ表現の中から、間違えやすい語彙や重要な表現を取り上げ、選択肢問題や短文完成問題で練習できるようにしました。

・コラム（表現解説）
　　　誤用の多い語彙や表現について、解説を付けました。

・定型文書の解説（8課 議事録・10課 稟議書(りんぎしょ)・13課 報告書・14課 始末書(しまつしょ)）
　　　定型文書は初めに形式や書くべき項目を示しました。

議事録、稟議書、報告書は作成しやすいように、書式を示した解答用紙を付けました。

- 問題　「状況」、「タスク」、「考えよう」で構成されています。

  状況

  タスクを行う状況・場面の説明です。例えば、だれかに何かを依頼するメールを書くというタスクも、どのように行うのが適切かは、状況によって異なります。そのため状況が理解できるよう分かりやすく説明してあります。

  タスク

  この問題で行うべきタスクの説明です。必要な情報は示されていますが、どのようにタスクを遂行すればいいのか（効果的な対応や使用する文章表現など）は、自分で考える必要があります。

  考えよう

  より効果的にタスクを行うためのヒントが書いてあります。問題によっては「考えよう」がないものもあります。

- 解答例

  タスクを達成するために、どのような表現やストラテジーを使うのが適切なのか、方法は一つではありません。ですから、あくまでも「解答例」であって、「正解」ではありません。

  自分が作成したメールや文書を解答例と見比べることによって、表現のバリエーションを増やすことができます。また、解答例をもとに繰り返し学習することで、ビジネスメール、ビジネス文書で使われる語彙や表現が習得できます。

- 解説（右欄外）

  解答例を十分に理解するために、注意すべき語彙や表現に解説をつけました。その表現が使われる理由や使用上の注意点、表現のバリエーション、文章作成上で注意すべきポイントなどが理解できます。

※問題の解答を手書きで作成する場合、定型文書以外は、p.87のメール文用解答用紙をコピーして使用してください。

授業展開の具体例

学習者の人数、日本語能力レベル、カリキュラム、教室環境に合わせ、様々な授業展開が可能です。以下に、参考として主に大学や大学院のクラス授業を想定し、1課を1コマ（90分）で進め、本書全体を15回程度で終了する授業の展開例を示しました。学習の成果を上げるためには授業時間外の学習も必要です。そのため、授業前、授業後の欄を設け望ましい学習についても提示しましたが、予習としたことを授業の導入部で行うこともできます。

　どの課もおおむね90分で進められるよう作成してありますが、課によってタスクの難易度や問題数が違うため、学生のレベルによっては90分では足りない場合があると思います。その場合は、一部の問題を宿題にし、時間調整を行ってください。

1課〜14課（各90分）

時間	テキスト該当部分	学習者がすること	教師がすること
授業前		・各Unitの話の流れと会社の取引関係、人間関係を（理解し）把握しておく。 ・「役に立つ表現」を読み、練習問題を解く。	
5分	前の課全般		最終的に提出された前の課の問題についてフィードバックを行う。 学生からの質問に答える。
5分	各Unit最初のページ 巻頭p.10〜11ページ		学習する課の内容と登場人物の所属等人間関係の把握を確認する。
10分	役に立つ表現 練習問題	予習の中で理解できなかったことを質問する。 不明点、疑問点をクラス全員で考える。	学生のレベルに応じて、説明する。 練習問題の答え合わせをし、クラス内で語彙、表現を確認する。（学生のレベルに応じて必要な部分を取り上げる）
20分	問題〇-1	問題の状況とタスクを読み、内容を理解する。 書く際に気を付けることについて意見を交換する。	状況とタスクが理解できているか確認する。各問題についてメール、文書作成のポイントが理解できているか学生たちの考えを聞き、クラスで共有する。

		解答メール、文書を書く。(教室環境*により、手書きやPC入力で対応する) 教員に提出する前段階 ・ピアレスポンスの活用 早く書き終わった学生同士がお互いのメール、文書をチェックし合い、コメントする。学生はそのコメントを基に修正し、修正後の解答を教師に提出する。 ・書画カメラやPC画面の活用 複数の学生の解答をクラスで共有し修正案を話し合う。	教室を回り個別の質問に答えたり、アドバイスをしたりする。 作業の遅い学生の様子を見て、アドバイスをする。 数人の学生の解答をクラス全体で検討する。よくできている解答を取り上げ、参考にすべき点を確認する。また、多くの学生に共通する不適切な表現、不自然な展開などは学生にコメントを求め、気付きを促すとともに修正案を示す。
	解答例	解答を修正し教員に提出する。	解答例のページで、ポイントを解説する。
20分	問題〇-2	問題〇-1と同じ手順で進める。	問題〇-1と同じ手順で進める。
20分	問題〇-3	問題〇-1と同じ手順で進める。	問題〇-1と同じ手順で進める。
5分		全体を通じて疑問を感じた点について質問する。	学生の質問に答える。
5分		まとめ、連絡	
授業後		・各課の問題と解答例を見て、表現を理解し、覚える。	提出された解答を個別にチェックし、助詞や表記の間違いも含めてコメントを入れ、次回の授業で返却する。

教室環境

コンピュータ教室などインターネットに接続可能な場合は、実際にメールを教師宛に送ると臨場感が出て効果的である。

問題の進め方

学生により解答作成時間が大きく違う場合は、各課の問題を最初に全部読み、各問題の状況、内容を十分理解させた上で問題に取り組ませる。早くできた学生は次の問題に進むことができる。この場合はフィードバックや解答例との比較は次の授業でまとめて行う。

本書に登場する会社と人物

◆会社紹介　YMプラスティックス株式会社

YMプラスティックス株式会社はコンビニエンスストア、外食産業、食品メーカー、文具メーカーといった業種の企業向けに、容器包装材料、用度品、文具関連資材、看板など、プラスティック製品の製造、輸入販売を行っています。

社員100名の中堅専門商社で、本社は東京にあります。海外拠点として中国上海に事務所があります。ビニール袋、用度品、文具関連製品は、中国の上海・深セン、およびシンガポールにある提携先の工場で製造し、輸入しています。

包装資材部（包材部）では次のような製品を扱っています。
　1課：レジ袋、ゴミ袋などの用度品
　2課：食品用の包装材料
　3課：プラスティック文具、ノベルティグッズなどの文具関連製品

◇YMプラスティックス（YM-PS）の主な登場人物
◎包装資材部1課（包材1課）所属

　　　　　　　　取引先　食品包装加工「ポラリス」　ファミリーレストラン「サニーズ」
　　　　　　　　　　　　スーパーマーケット「ピークス」　包装材料問屋「ナカダ屋」
　　　　　　　　　　　　食品卸業「ダイヤフードサプライ」

林浩 りんこう	入社3年目　上海出身の中国人　27歳 日本の大学を卒業 日本語は日本人と間違われるくらい流暢だが、書くのはちょっと苦手 新規顧客を開拓するのに意欲満々
鈴木香 すずきかおり	林浩の2年先輩、営業成績トップを走っているやり手
木田斗真 きだとうま	林浩の2年先輩、鈴木香と同期
加山凜太郎 かやまりんたろう	入社2年目、やっと仕事になれてきた23歳

吉井京子（よしいきょうこ）｜新入社員、学生気分が抜けきれていない22歳

川上課長（かわかみ）｜話をじっくり聞いてくれるので、部下から慕われている。

◎包装資材部3課（包材3課）所属

　　　　取引先　ファミリーレストラン「サニーズ」　包装材料問屋「ナカダ屋」

金井大地（かないだいち）｜林浩と同期

◇YMプラスティックスの登場人物と取引関係

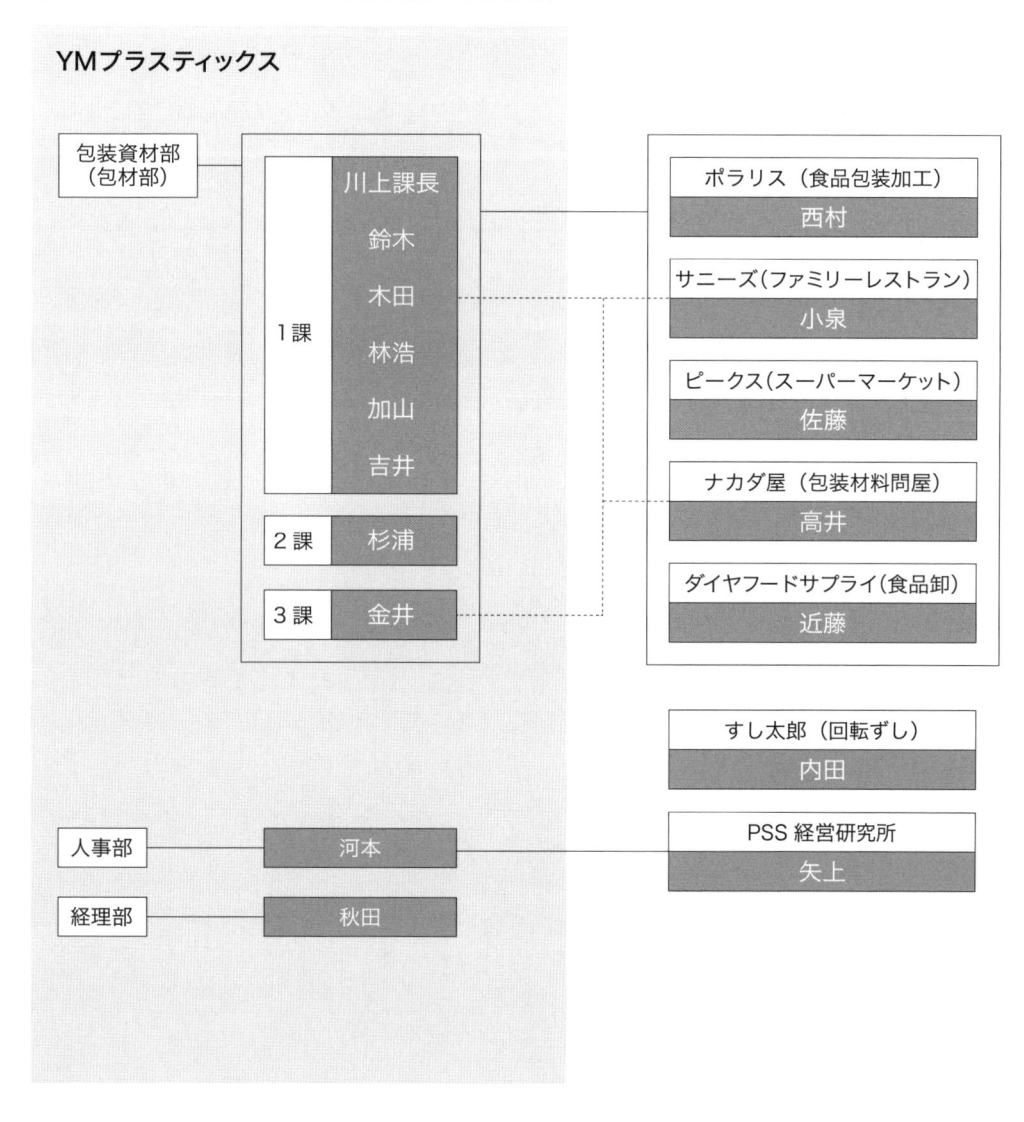

YMプラスティックス

包装資材部（包材部）
- 1課：川上課長、鈴木、木田、林浩、加山、吉井
- 2課：杉浦
- 3課：金井

人事部：河本
経理部：秋田

取引先：
- ポラリス（食品包装加工）西村
- サニーズ（ファミリーレストラン）小泉
- ピークス（スーパーマーケット）佐藤
- ナカダ屋（包装材料問屋）高井
- ダイヤフードサプライ（食品卸）近藤
- すし太郎（回転ずし）内田
- PSS経営研究所　矢上

本書に登場する会社と人物｜011

ビジネスメール・ビジネス文書の基本

1. ビジネスメール
2. ビジネス文書
3. ウォーミングアップ－1
4. ウォーミングアップ－2
5. まとめ－1　社内メールと社外メール
6. まとめ－2　社内文書と社外文書
7. ビジネスメール・文書作成に役立つ表現

1. ビジネスメール

　ビジネスではメールが社内、社外のコミュニケーション手段として大きな位置を占めています。メールの作成、送受信についての注意点を4つにまとめました。

（1）表現で気を付けること
　　ビジネスメールはビジネス文書と比べ、表現や書式の自由度が高いことが特徴です。しかし、自由度が高いといっても、社外メールでは丁寧な表現を使うことが求められますし、社内メールでも相手との関係（上下、親疎）によって使われる表現が変わってきます。表現の選択に十分注意しましょう。

（2）内容で気をつけること
　　ビジネスメールの重要なポイントは、書き手の意図を相手に誤解されないように書くことです。受け手との関係や書くべき内容について的確に判断しましょう。

（3）送信前の注意
　　ビジネスメールはパソコン上で処理できるので、送信までに時間がかかりません。この点は非常に便利ですが、一度送信したメールは取り消すことができません。送信する前に宛名、内容に不備な点がないか何度も読み返しましょう。

（4）返信のマナー
　　受け取る側は送られてきたメールを読んだら、できるだけ早く対応をすることが必要です。たとえ返信が不要と思われるメールでも「読みました」という意思表示をすることが円滑なコミュニケーションに繋がります。メールを受信したら、必ず返信しましょう。

2. ビジネス文書

　ビジネス文書には社内向けに書かれるものと、社外に対して出されるものがあります。社内文書は議事録、企画書、出張報告書など記録を残しておく必要がある場合に作成されます。

　社外文書は大きく分けて2種類あります。見積書、請求書、依頼状、督促状、詫び状などの取引に必要な文書と商取引以外の儀礼的な挨拶状、招待状などの文書です。後者の文書は定型表現が多いので、ここでは扱いません。

　ビジネス文書を作成するときは、誤字脱字、不適切な敬語を避けることが重要です。

◇社内文書

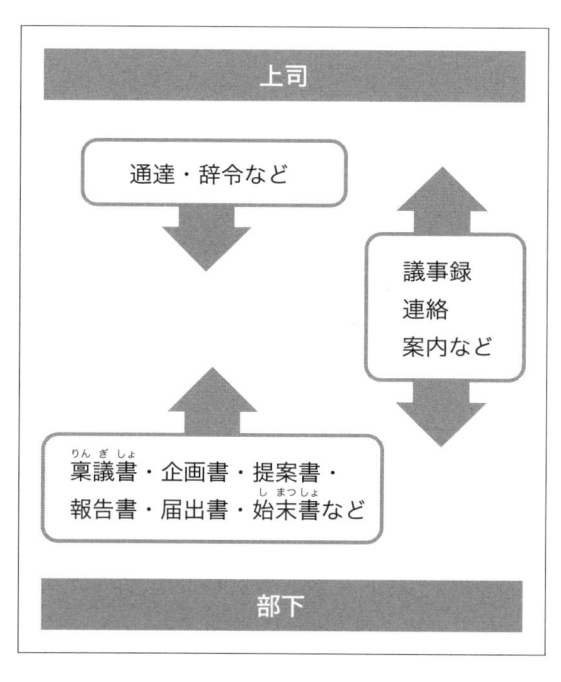

```
            上司
    ┌──────────────┐
    │ 通達・辞令など │
    └──────┬───────┘
           ↓        ↑↓  議事録
                        連絡
                        案内など
    ┌──────────────────────┐
    │ 稟議書(りんぎしょ)・企画書・提案書・ │
    │ 報告書・届出書・始末書(しまつしょ)など │
    └──────────────────────┘
            部下
```

◇社外文書

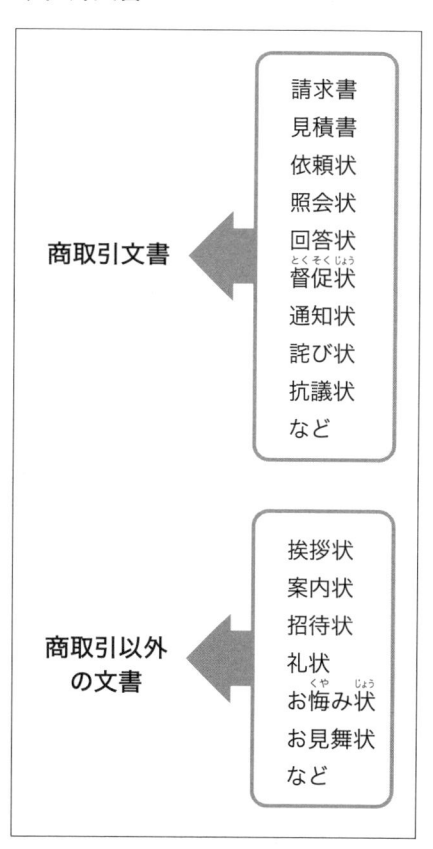

商取引文書 ← 請求書／見積書／依頼状／照会状／回答状／督促状(とくそくじょう)／通知状／詫び状／抗議状／など

商取引以外の文書 ← 挨拶状／案内状／招待状／礼状／お悔み状(くやじょう)／お見舞状／など

3. ウォーミングアップ－1

◎問題（1）
株式会社サニーズ運営業務課の小泉美幸さんはYMプラスティックスの吉井京子さんから次のようなメールを受け取りました。あなたが小泉さんならこのメールを読んでどのように感じますか。また、それはなぜですか。

宛先：	サニーズ（小泉美幸様）
件名：	カタログの件

サニーズ　小泉美幸様

この間、サニーズに伺ったときに、ちらっとお話しましたが、新しいカタログが出来上がりましたので、今日発送しました。印刷会社でちょっと問題が起こり、昨日うちの社に届きましたのでサニーズの方に送るのが遅くなってホントに申し訳ありません　m(＿＿)m　明日中にそちらに届くはずです。確認してください。不明な点がありましたら、ご連絡いただけますか？来週の後半に契約継続の件で、また伺おうと思っています。よろしくお願いします！！

そういえば、小泉さんお酒がお好きだと話していらっしゃいましたよね。この間、渋谷で雰囲気がいい居酒屋を見つけました！「六べえ」というところ（http://www.rockbay.com/）です。

****
YMプラスティックス株式会社
包装資材部1課
吉井京子
kyoshii@ymplastics.co.jp
東京都目黒区上目黒3　センチュリタワー 7F
TEL　03-5333-XXX5
FAX　03-5333-XXX6
URL　http://www.ymplastics.co.jp
****

◎問題（2）

小泉さんはどのようなメールを受け取りたかったでしょうか。メールを書き直しなさい。内容については適当にことばを補ってかまいません。

宛先：	株式会社サニーズ（小泉美幸様）
件名：	

```
**************************************************
YMプラスティックス株式会社
包装資材部1課
吉井京子
kyoshii@ymplastics.co.jp
東京都目黒区上目黒3　センチュリタワー 7F
TEL　03-5333-XXX5
FAX　03-5333-XXX6
URL　http://www.ymplastics.co.jp
**************************************************
```

ウォーミングアップ－1　解答例

◎問題（1）　省略

◎問題（2）

| 宛先： | 株式会社サニーズ（小泉美幸様） |
| 件名： | カタログ郵送（YM-PS吉井） |

株式会社サニーズ
運営業務課　小泉美幸様

YMプラスティックス　吉井です。
いつもお世話になっております。

先日、御社に伺った際にお話しした新しいカタログが
出来上がりましたので、本日発送いたしました。
お手元に届くのが遅くなってしまい、申し訳ありません。
明日中に届きますので、ご確認いただけますか。

ご不明な点がありましたら、ご連絡ください。

よろしくお願いいたします。

****
YMプラスティックス株式会社
包装資材部1課
吉井京子
kyoshii@ymplastics.co.jp
東京都目黒区上目黒3　センチュリタワー 7F
TEL　03-5333-XXX5
FAX　03-5333-XXX6
URL　http://www.ymplastics.co.jp
****

誰からのメールか一目で分かるように括弧付きで名前を入れる。長い社名の場合は「株式会社」を省略したり、通称名を使ってもよい。

相手の会社という意味。「貴社」でも可。メールでは「御社」を使うことが多い。自分の会社は「弊社」。

ポイント
・基本的に左に揃える。
・1文ごとに改行すると読みやすい。
・読みやすいように最大4～5行を
　目安としてスペースを入れる。
・相手にわざわざ伝える必要のない
　情報は書かない。
・1つのメールに複数の用件を入れない。
・「？」「！」などの記号や顔文字は使わない。

4. ウォーミングアップ－2

◎問題（3）
以下の例を見て、社内・社外メールそれぞれの違いを確認し、p.21の [　　] を埋めなさい。

◆社内メール

宛先：	包材1課　林浩
件名：	上海出張先ホテル変更について（総務部　柴田）

包材1課　林浩様

総務部　柴田です。

出張経費の見直しが行われ、上海のホテルはグランヴェラホテルからホテルプリンセスに変更になりました。
http://www.hotelprincess.com/
1ランク下がりますが、グランヴェラとほぼ同じ地域にありますので、仕事には支障がないと思います。
帰国されましたらホテルの様子を聞かせていただけますか。

よろしくお願いします。

****
総務部　柴田真紀
mshibata@ymplastics.co.jp
内線　4222
****

◆社外メール

宛先： FFケイタリングサービス株式会社　営業部　浜島淳様

件名： ケイタリング料金お見積りのお願い

FFケイタリングサービス株式会社
営業部　浜島様

YMプラスティックス　総務部　柴田です。
お世話になっております。

先日は、法人向けケイタリングのパンフレットをお送りくださりありがとうございました。

お電話でお話ししましたように、9月12日に20名程度の立食パーティを社内会議室で行う予定です。

つきましては、パーティプランD（パンフレット15ページ）で、20名の場合、25名の場合、それぞれのお見積りを送っていただけますでしょうか。

よろしくお願いいたします。

****
YMプラスティックス株式会社
総務部　柴田真紀
mshibata@ymplastics.co.jp
東京都目黒区上目黒3　センチュリタワー 7F
TEL　03-5333-XXX5
FAX　03-5333-XXX6
URL　http://www.ymplastics.co.jp
****

項目	社内メール	社外メール
宛先	部署名　名前	[　　　　　　]
件名	メールの内容が一目でわかる題	
1. 宛名	[　　　　　　]	社名　部署名　名前
2. 名乗り	部署名　名前	[　　　　　　]
3. 挨拶文	なし	[　　　　　　]
4. 主文	用件を簡潔に書く。	言葉遣いをより丁寧にする。
5. 末文（終わりの挨拶）	[　　　　　　]	[　　　　　　]
6. 署名	部署名 名前 メールアドレス 内線番号	[　　　　　　]

◎問題（4）

以下の例を見て、社内・社外文書それぞれの違いを確認し、p.24の[　]を埋めなさい。

◆社内文書

　　　　　　　　　　　　　　　　　　　　　　　　　総　第25号
　　　　　　　　　　　　　　　　　　　　　　　　　20XX年4月11日

社員各位

　　　　　　　　　　　　　　　　　　　　　　　　　総務部
　　　　　　　　　　　　　　　　　　　　　　　　　柴田真紀

　　　　　　　　　　　　春の親睦旅行のお知らせ

標題の件につきまして、下記の通り実施いたしますので、よろしくお願いします。
新緑が美しい時期になります。森林浴で心も体もリフレッシュするために、ふるってご参加ください。

　　　　　　　　　　　　　　　記

1. 日程　　　5月28日（土）〜29日（日）
2. 集合場所　本社ビル玄関前
3. 集合時間　午前8:00（時間厳守）
4. 行先　　　箱根　湯河原温泉
5. 宿泊先　　箱根こはく苑
　　　　　　住所　　足柄下郡湯河原町××123
　　　　　　電話番号　△△△-△△-△△△△

なお、参加を希望する方は4月28日（木）までに、総務部　柴田（内線4222　mshibata@ymplastics.co.jp）までご連絡ください。

　　　　　　　　　　　　　　　　　　　　　　　　　　　　　以上

◆社外文書

20XX年6月17日

株式会社　ポラリス
営業部　西村義人様

　　　　　　　　　　　　　　　　　　　　株式会社オオサカタ
　　　　　　　　　　　　　　　　　　　　営業部1課　上野　慎三
　　　　　　　　　　　　　　　　　　　　〒530-0001
　　　　　　　　　　　　　　　　　　　　大阪市北区梅田5-4-3
　　　　　　　　　　　　　　　　　　　　TEL 06-0000-0000

「フレッシュエバー（品番FE-2000）」見積りのお願い

拝啓　初夏の候、貴社ますますご清栄のことと存じます。
平素は格別のお引き立てを賜り、厚く御礼申し上げます。
　さて、標記の製品に関しまして、下記条件にて6月末日までに見積書をご送付くださいますようお願い申し上げます。
　まずは、見積りのお願いまで。

　　　　　　　　　　　　　　　　　　　　　　　　　　　　敬具

記

1. 製品名　　　フレッシュエバー（品番FE-2000）
2. 注文数量　　2000個
3. 納期　　　　7月11日（月）
4. 納入場所　　大阪市北区梅田5-4-3
　　　　　　　　株式会社　オオサカタ
5. 支払方法　　納品月末締め翌々月末現金
6. 配送料　　　貴社ご負担

なお、納期等につきまして不都合が生じる場合は、上野までご連絡くださいますようお願い申し上げます。

　　　　　　　　　　　　　　　　　　　　　　　　　　　　以上

項目	社内文書	社外文書
1. 文書番号	例）総　第25号（文書番号の要不要は社内規定に従う）	
2. 作成年月日	20××年／平成〇〇年〇月〇日	
3. 宛名	[　　　　　　　　　]	正式な社名　部署名　名前＋様
4. 発信者	（部署名）　名前	[　　　　　　　　　]
5. 件名	文書の内容が一目でわかる題	
6. 前文	頭語（一番最初の言葉）　なし	[　　　　　　　　　]
6. 前文	挨拶　[　　　　　　　　　]	季節の挨拶は [　　　　　　　　　] 安否の挨拶は [　　　　　　　　　] 感謝の挨拶は [　　　　　　　　　]
7. 主文	用件を簡潔に書く。	最初の言葉は [　　　　]
8. 末文	[　　　　　　　　　]	最初の言葉は [　　　　]
9. 結語	なし	[　　　　　　　　　]
10. 記書き（主文の詳細）	入れる情報は [　　　　　　　　　　　　　　　　　　　]	
11. 追記（主文の補足）	最初の言葉は [　　　　　　　　　　　　]	

5. まとめ－1　社内メールと社外メール

項目	社内メール	社外メール
宛先	部署名　名前	社名　部署名　名前
件名	メールの内容が一目でわかる題	
1. 宛名	・（部署名）　名前＋様 　　包材1課　吉井様 ・（部署名）　名前＋役職 　　包材1課　川上課長 ・不特定多数の場合 　　皆様、社員各位、関係者各位	・正式な社名　部署名　名前＋様 　　株式会社サニーズ運営業務課　小泉美幸様 ・正式な社名　部署名　名前＋役職名 　　株式会社サニーズ運営業務課　小泉美幸課長 ・相手との関係により　株式会社などを省略した社名、姓のみでも可 　　サニーズ　運営業務課　小泉様
2. 名乗り	（部署名）　名前です。 　　包材1課　吉井です。	・社名　部署名　名前です。 　　YMプラスティックス株式会社 　　包装資材部1課　林浩です。 ・相手との関係により株式会社などを省略した社名や部署名でも可 　　YMプラスティックス　包材1課　林浩です。
3. 挨拶文	なし （お疲れ様です。＊）	いつも（大変）お世話になっております。
4. 主文	用件を簡潔に書く。	・「恐縮ですが／お手数をおかけしますが」などのクッション言葉を適宜入れる。 ・言葉遣いをより丁寧にする。
5. 末文 （終わりの挨拶）	よろしくお願いします。	よろしくお願いいたします。 ご検討／ご確認よろしくお願いいたします
6. 署名	部署名 名前 メールアドレス 内線番号	正式な社名 部署名 名前 メールアドレス 会社住所 電話／FAX番号 URL

＊「お疲れ様です。」は目上の人や上司には使わない。

6. まとめ-2　社内文書と社外文書

項目	社内文書		社外文書
1. 文書番号	例）総　第25号（文書番号の要不要は社内規定に従う）		
2. 作成年月日	20××年／平成〇〇年〇月〇日		
3. 宛名	・部署名　名前＋役職 ・不特定多数の場合 　　　社員各位、関係者各位		・正式な社名＋御中 ・正式社名　部署名　名前＋様 ・正式社名　部署名　名前＋役職
4. 発信者	（部署名）　名前		・正式な社名　（部署名）（役職） 　名前　会社住所　連絡先
5. 件名	文書の内容が一目でわかる題		
6. 前文	頭語 （一番最初の言葉）	なし	・拝啓 ・拝復（返信の場合）
	挨拶	なし	時候の挨拶＋安否の挨拶＋（感謝の挨拶） 　初秋の候、貴社ますますご清栄のこととお慶び申し上げます。（平素は格別のご高配を賜り厚く御礼申し上げます。） ＊感謝の挨拶は省略可
7. 主文	用件を簡潔に書く。		改行して「さて／ところで」などで始め、文書の主旨をわかりやすく、かつ簡潔に書く。
8. 末文	なし		主文の内容を確認する文。改行して「まずは」から始める場合が多い。
9. 結語	なし		敬具　（頭語とセットの言葉）
10. 記書き（主文の詳細）	主文の内容の日時、場所、数字などの具体的情報を箇条書きにする。最後に「以上」と書く。（追記がある場合は、そのあとに「以上」と入れる。）		
11. 追記（主文の補足）	追加情報がある場合のみ書く。 「なお」で始める。		

7. ビジネスメール・文書作成に役立つ表現

◆尊敬・謙譲表現-1

㊦は主にビジネス文書で使われる

普通の形	尊敬語	謙譲語
行きます	いらっしゃいます	まいります　伺います
来ます	いらっしゃいます おいでになります お見えになります お越しになります	まいります 伺います
します	なさいます されます	いたします ～させていただきます*
います	いらっしゃいます	おります
聞きます	お聞きになります	伺います
見ます	ご覧になります	拝見します
会います	お会いになります	お目にかかります
知っています	ご存じです	存じております
言います	おっしゃいます	申します　（申し上げます）
もらいます		いただきます
～てもらいます		お／ご～いただきます ～ていただきます
くれます	くださいます	
～てくれます	お／ご～くださいます ～てくださいます	

＊もともとは相手の許可を得るときに使う表現なので使い方に気をつけよう

◆尊敬・謙譲表現-2

話します	尊敬	お／ご～になる ～(ら)れる	お話しになります 話されます
		お／ご～くださる	お話しくださりありがとうございました
		お／ご～ください	どうぞお話しください（丁寧な指示）
	謙譲	お／ご～する	お話しします
		お／ご～いただく	お話しいただきありがとうございました

◆改まった場面で使われる語彙

普通の表現	メール・文書での表現
ここ／そこ／あそこ	こちら／そちら／あちら
こっち／そっち／あっち	
これ／それ／あれ	
今日（きょう）	本日
明日（あした）	明日（みょうにち）
昨日（きのう）	昨日（さくじつ）
この間	先日
去年	昨年
後（あと）で	後（のち）ほど
近いうちにまた	近日中にあらためて
これからも	今後とも
少し／ちょっと	少々
いくらかは	多少は
じゃあ	では
すごく／とても	非常に
さっき	先ほど
わからないこと	ご不明な点
どうですか	いかがですか
いいですか	よろしいですか
すみません	申し訳ありません
わかりません	わかりかねます
できません	できかねます／難しい状況です
私の会社	弊社　当社　私ども
相手の会社	御社　貴社
他の会社	会社名（＋さん*）　業界名（＋さん*）
うちの田中課長が	（課長の）田中が

＊「会社名／業界名＋さん」はメールの場合のみ可能

UNIT 1　展示会に行く

1課　お知らせ（社内）
新入社員歓迎会の日程調整
新入社員歓迎会のお知らせ
お知らせメールへの返信

2課　お知らせ（社外）
展示会のお知らせ
お礼（展示会のお知らせへの返信）
転送（展示会のお知らせの転送）

3課　お礼（社外）・日報（社内）
お礼（展示会への来訪）
営業日報の送信メール
営業日報

UNIT 1のストーリー

YMプラスティックス包材1課の林浩は入社3年目です。4月に新卒の吉井さんが新入社員として同課に配属になりました。そこで林浩が中心となり新入社員歓迎会を開くことにしました。
6月初旬に取引先のポラリスから林浩宛てに展示会の案内メールが届きました。林浩は部全体に役立つ展示会だと判断し、そのメールを部の全員に転送しました。包材2課の杉浦さん、包材3課の金井さんから同行したいという返事が来たので、数日後、新人の吉井さんも連れて4人で展示会に行きました。

1課　お知らせ（社内）

役に立つ表現

以下	以下のように、開催します。 以下、会場等の情報です。
〜まで	○○までお尋ねください。
よろしくお伝えください	皆さんによろしくお伝えください。
なお	数量と値段はカタログのとおりです。なお、納期についてはお問い合わせください。

◎練習1　適当なものに○をつけなさい。

(1) 準備の都合上、10日（まで・までに）ご返信ください。

(2) 不明な点がありましたら、佐藤（まで・までに）ご連絡ください。

(3) 申し込みは10日（まで・までに）受け付けます。

◎練習2　文を完成させなさい。

(1) 新商品発表会は上記のとおりです。なお、当日会場でご発注いただける場合は、
　　（　　　　　　　　　　　　　　　　　　　　　　　　）。

(2) 企画の概要は今述べたとおりです。なお、
　　（　　　　　　　　　　　　　　　　　　　　　　　　）。

問題1-1　新入社員歓迎会の日程調整

状況
あなたは包材1課の林浩です。新卒の吉井京子さんが包材1課に配属されてきたので、来週か再来週、課主催で歓迎会を開くことになりました。今日は4月11日です。

タスク
包材1課の課員宛てに、歓迎会の日程を調整するために送るメールを以下の情報をもとに作成しなさい。
・できるだけ多くの人に参加してもらいたい
・日程表を添付するので、都合の悪い日に×を付けてほしい
・日程表の返送の期限は4月18日
・歓迎会の時間は6時からの予定

問題1-2　新入社員歓迎会のお知らせ

状況
あなたは包材1課の林浩です。日程調整の結果、新入社員歓迎会は水曜日（4月27日）午後6時～8時に決まりました。

タスク
包材1課の課員宛てに、この決定を知らせるメールを以下の情報をもとに作成しなさい。
・参加できると返事をした後で、予定が変更になり参加できなくなった人は連絡してほしい
・会場は会社から歩いて5分の「焼き鳥　とびや」
・店の場所　ABCビル地下1階、TEL　03-2344-567X
・地図のURL　http://www.abcdef.co.jp/

考えよう
日時、会場などの情報が伝わりやすいようなレイアウト

問題1-3　お知らせメールへの返信

状況
あなたは包材1課の木田斗真（きだとうま）です。4月27日（水）に行われる新入社員歓迎会の日に出張が入ってしまい、参加できなくなりました。

タスク
新入社員歓迎会取りまとめ役の林浩（りんこう）さん宛てに、新入社員歓迎会を欠席することを知らせるメールを以下の情報をもとに作成しなさい。
・急に出張が決まった
・出張日程は27日、28日

考えよう
世話役などに対するねぎらいの一言

2課　お知らせ（社外）

役に立つ表現

ご多忙とは存じますが	ご多忙とは存じますが、ご出席のほど、よろしくお願いいたします。
何かご不明な点がありましたら／ご不明な点がございましたら	何かご不明な点がございましたら、ご連絡ください。
〜よう、お願いいたします／〜よう、お願い申し上げます	ご来場いただきますよう、お願いいたします。 ご出席くださいますよう、お願い申し上げます。
さて	平素よりご愛顧いただき、感謝申し上げます。さて、このたび弊社では商品展示会を開催することになりました。
つきましては	新製品XYZを10月に発売することになりました。つきましてはモニターを10名募集いたします。

◎練習1　適当なものに○をつけなさい。

(1) 現在弊社では、取扱商品の拡充を検討しております。（さて・つきましては）貴社製品KY303およびKZ503のカタログをお送りいただけないでしょうか。

(2) 本日はお忙しいところ、ご来社いただき有難うございました。
　　（さて・つきましては）ご依頼の件について社内で検討した結果をお伝えいたします。

(3) 日頃より弊社製品をご利用いただきまして、誠にありがとうございます。
　　（さて・つきましては）弊社では7月1日より新シリーズを発売することとなりました。

◎練習2　「〜よう、お願いいたします」を使って、文を完成させなさい。

(1) 入札説明会を7月10日午後1時より行います。
　　つきましては、（　　　　　　　　　　　　　　　　　　）よう、お願いいたします。

(2) 社内アンケートの回答は明後日、6月10日が締め切りとなっています。まだ提出していない方は、（　　　　　　　　　　　　　　　　　　）よう、お願いいたします。

問題2-1　展示会のお知らせ

状況
あなたは食品包装加工を手掛ける（株）ポラリス営業部の西村義人です。ポラリスは様々なファストフード用の食品容器などを製造、販売している会社です。最近では包装加工技術の開発に力を入れています。そこで、6月に開催される全国食品包装加工の展示会に出展することにしました。

タスク
YMプラスティックス（株）・包装資材部（包材部）1課の林浩さん宛てに、展示会の案内メールを以下の情報をもとに作成しなさい。
- 展示会への出展目的は時代にマッチした食品包装加工の提案
- 日時　6月15日水曜日から18日土曜日　午前10時から午後5時
- 場所　ABCメッセ　8Fホール
- 展示会詳細　　http://www.abcmesse.co.jp/
- 差出人のアドレスと会社情報　y_nishimura@polaris.co.jp、埼玉県北柏10
　　　　　　　　TEL：04-4444-XXX3、FAX：04-4444-XXX4
　　　　　　　　URL　http://www.polaris.co.jp/

問題2-2　お礼（展示会のお知らせへの返信）

状況
あなたはYMプラスティックス（株）包材1課の林浩です。（株）ポラリス営業部の西村義人さんから展示会の案内（問題2-1）が来ました。

タスク
西村さん宛てに、お礼のメールを以下の情報をもとに作成しなさい。
- 展示会に行くつもりだ
- 他の部署にも転送した

考えよう
「お礼」の気持ちが伝わるタイトル

問題2-3　転送（展示会のお知らせの転送）

状況
あなたはYMプラスティックス（株）包材1課の林浩です。（株）ポラリス営業部の西村義人さんから展示会の案内（問題2-1）が届きました。

タスク
包材部の部員宛てに、展示会の案内メールを以下の情報をもとに作成しなさい。
・西村さんからのメールを転送する
・展示会で製品を見ておくことは営業に役立つ
・自分は6月16日（木）の午後に行く予定だ
・一緒に行きたい人は連絡がほしい

3課　お礼（社外）・日報（社内）

役に立つ表現

おかげさまで	おかげさまで、展示会を無事に終えることができました。 おかげさまで新製品の売上が好調です。
深く（心より／誠に／厚く）	心より／厚くお礼申し上げます。 深く／心より感謝しております。 誠にありがとうございました。

◎練習1　適当なものに○をつけなさい。（一つとは限らない。）

（1）先日はダイサ産業様をご紹介いただき、（誠に・厚く・心より）お礼申しあげます。

（2）追加注文に迅速に対応していただき、（誠に・厚く・深く）ありがとうございました。

（3）皆様のご支援とご厚情に（誠に・厚く・深く）感謝しております

◎練習2　文を完成させなさい。

（1）この度はマルモト商事の山田さんをご紹介いただきありがとうございました。

　　　おかげさまで、先日（　　　　　　　　　　　　　　　　）。

（2）先月発表した新製品は、おかげさまで（　　　　　　　　　　　　　　）。

問題3-1　お礼（展示会への来訪）

状況

あなたは食品包装加工を手掛ける（株）ポラリス営業部の西村義人です。全国食品包装加工展示会のポラリス展示コーナーに、YMプラスティックス（株）包材1課の林浩さんが杉浦さん、金井さん、吉井さんとともに来ました。

タスク

林浩さん宛てに、展示会来訪に対するお礼のメールを以下の情報をもとに作成しなさい。

・林浩さんに営業サイドからの貴重な意見をもらった
・ポラリスのコーナーには多くの来場者があった
・新しい食品包装加工への関心が非常に高いと改めて認識した

考えよう

忙しいのに来てくれたことに対する感謝表現

問題3-2　営業日報の送信メール

状況
あなたは包材1課の林浩です。6月16日の営業日報を作成しました。

タスク
川上課長宛てに、営業日報を提出するメールを作成しなさい。メール本文には以下の情報をもとに日報の要約を入れなさい。
・6月16日の行動（午前サンエー訪問、午後展示会、展示会後吉井さんと3課の金井さんとサニーズ訪問）を述べる
・展示会は盛況だった

林浩の営業日報（添付書類）

20XX年6月16日

川上課長

包装資材部1課
林　浩

営業日報

業務内容
　09:00-09:30　　　課内会議（目標達成報告と問題共有）
　10:30-11:00　　　サンエー訪問（1課 吉井　クレーム対応）
　11:30-12:00　　　サニーズの件で打ち合わせ（3課 金井）
　13:40-14:40　　　全国食品包装加工展示会・ポラリス展示コーナー
　　　　　　　　　　（2課 杉浦、3課 金井、1課 吉井）
　15:10-15:40　　　サニーズ（3課 金井、1課 吉井紹介）
　16:10-17:00　　　事務処理作業　　アポイント連絡
　17:05-17:20　　　終礼ミーティング

報告事項
（1）サンエー：レジ袋の品質に関するクレーム。製造担当責任者につなぎ、回答待ちです。
（2）全国食品包装加工展示会・ポラリス展示コーナー
　　　包装加工の可能性を学びました。詳細は口頭で報告します。
（3）サニーズ
　　　キャンペーンのノベルティ商品*についての相談があり、3課の金井さんを同行しました。手ごたえがあります。
　　　吉井さんをアシスタントとして紹介しました。　　　　　　　　　　　　　　以上

＊ノベルティ商品　販売促進のために無料で配布されるポケットティシュやエコバッグなどの品物

問題3-3　営業日報

状況
あなたは包材1課の吉井京子です。6月16日は、終日、1課の林浩さんと行動を共にしました。

タスク
林浩が作成した前ページの営業日報を参考にして、解答用紙の営業日報を以下の情報をもとに完成させなさい。

営業日報を書くにあたって思い出したこと：

　展示会は想像していたのとは違っていた。一口に包装加工と言ってもコンビニでみかける容器のような実用的なものから、高級なギフト包装まで多種多様な包装があってびっくり。この展示会で包装資材の開発や包装加工技術が加速度的に進んでいるんだと経験のない私でも分かった。

　取引先のサニーズでは担当の小泉美幸さんと初めて会い、挨拶。これから先輩の林浩さんと一緒にサニーズを担当。名刺交換もちゃんとできたし自分としては合格。とはいっても新人なので、先方は不安を感じているだろう。そうならないよう頑張らなくちゃ。

　小泉さんはキャンペーンなどで使うノベルティ商品について興味があるようでノベルティ専門の3課の金井さんにいろいろ質問していた。そばで話が聞けたおかげで他の業務のことが分かった。

問題3-3　解答用紙

20XX年6月16日

川上課長

包装資材部1課
吉井　京子

営業日報

業務内容
　09:00-09:30　　課内会議（目標達成報告と問題共有）
　10:30-11:00　　サンエー訪問同行（1課 林浩　クレーム対応）
　13:40-14:40　　全国食品包装加工展示会・ポラリス展示コーナー
　　　　　　　　　（1課 林浩、2課 杉浦、3課 金井）
　15:10-15:40　　サニーズ（1課 林浩、3課 金井）
　16:10-17:00　　事務処理作業
　17:05-17:20　　終礼ミーティング

報告事項
（1）全国食品包装加工展示会・ポラリス展示コーナー

（2）サニーズ

以上

UNIT 2　受注する

4課　送付依頼
送付依頼（商品サンプル）
送付依頼メールへの返信
発注

5課　納期延長依頼
納期延長依頼
納期延長依頼への返信
代金振込通知

6課　照会（在庫）
在庫照会
在庫照会への回答（在庫がある場合）
在庫照会への回答（在庫が不足している場合）

UNIT 2のストーリー

YMプラスティックスはファミリーレストラン「サニーズ」にノベルティ商品やお子様ランチのおまけを納入しています。この秋も包材3課の金井さんに、秋のキャンペーン用商品の注文が来ました。女性客をターゲットにした秋限定のポーチです。
しかし、YMプラスティックスと提携している現地工場が洪水に見舞われたため、生産に遅れが生じました。一時は納期に間に合うかどうか危ぶまれましたが、何とか秋のキャンペーンに間にあうように納品することができました。その後サニーズから、このポーチが好評だということで追加注文が来ました。また、お子さまランチのおまけも非常に好評で、こちらも追加注文を受けました。

4課　送付依頼

役に立つ表現

～いただけますでしょうか	送って／お送りいただけますでしょうか。
お／ご～ください* ＜よく使われる動詞＞ 連絡する　承諾する　確認する 考える　待つ	ご確認ください。　お電話ください。 ご連絡ください。　ご承諾ください。 ご確認ください。　お考えください。 お待ちください。
何とぞよろしくお願い（いた）します	ご検討いただきますよう何とぞよろしくお願いいたします。

＊関連項目「お／ご」についてはp.74のコラム参照

◎練習1　適当なものに○をつけなさい。

(1) お手数をお掛けいたしますが、再度お調べ（いただきますでしょうか・いただけますでしょうか）。

(2) お忙しいところ恐縮ですが、至急ご連絡（いただきませんか・いただけませんか）。

(3) 次回の交渉は非常に重要なので、部長に一緒に行って（いただきます・いただけます）。

◎練習2

「お／ご＋動詞＋ください／いただけますでしょうか」を使って、文を完成させなさい。

(1) 仕様書を添付いたしますので、（　　　　　　　　　　　）。

(2) ご注文のAAP300ですが、現在在庫切れとなっております。入荷次第発送いたしますので、しばらく（　　　　　　　　　　　）。

注文／発注／受注

「発注」は「注文する」、「受注」は「注文を受ける」という意味です。

注文がA社→B社である場合、A社は「発注する」、B社は「受注する」となります。

どちらが注文主であるかをよく考えて使い分けることが必要です。

A社（注文する・発注する）　→　B社（注文を受ける・受注する）

問題4-1　送付依頼（商品サンプル）

状況
あなたは（株）サニーズの小泉美幸です。サニーズでは秋のキャンペーンを開催します。先週YMプラスティックス（株）包材3課の金井大地さんが来て、2人でカタログを見ながらキャンペーンに出すプレゼント商品について話し合いました。

タスク
金井さん宛てに、サンプル送付依頼のメールを以下の情報をもとに作成しなさい。
・社内で検討し、キャンペーンプレゼント商品を女性用化粧ポーチに決めた
・カタログで候補を4つに絞った
・最終的には実物を見てから決めたい
・欲しいサンプルはカタログp.12～p.13の品番EBP11、EBR21、EBY31、EBG42のポーチ

考えよう
来てくれたことに対する感謝表現

問題4-2　送付依頼メールへの返信

状況
あなたはYMプラスティックス（株）包材3課の金井大地です。（株）サニーズの小泉美幸さんからサンプルを送ってほしいというメール（問題4-1）が来ました。

タスク
小泉さん宛てに、サンプル送付依頼に対する返信メールを以下の情報をもとに作成しなさい。
・EBP11、EBR21、EBY31、EBG42のサンプル送付を手配した
　　発送日　今日7月19日（既に発送済み）
　　宅配業者　タケル急便
　　到着日　明日7月20日午前中

考えよう
末文表現（最後の挨拶文）

問題4-3　発注

状況
あなたは（株）サニーズの小泉美幸です。YMプラスティックス（株）包材3課の金井大地さんから、頼んでおいたサンプルが届きました。サンプルの中から2種選び発注することにしました。

タスク
金井さん宛てに、商品を発注するメールを以下の情報をもとに作成しなさい。
・社内で検討した結果キャンペーン商品はEBP11、EBG42になった
・注文数　各2,500個　（計5,000個）
・納期　8月10日

考えよう
すぐにサンプルを送ってくれたことに対する感謝表現

5課　納期延長依頼

役に立つ表現

～そうにありません	間に合いそうにありません。 来週は伺えそうにありません。
～次第	状況がわかり次第お知らせします。 予定が決まり次第ご連絡します。
～のほどよろしくお願い（いた）します	ご理解のほど何とぞよろしくお願いいたします。 ご確認のほど何とぞよろしくお願いします。

◎練習1　適当なものに○をつけなさい。（一つとは限らない。）

(1) 出荷日につきましては、現在調整中です。（決まれば・決まりましたら・決まり次第）ご連絡いたします。

(2) 消費者のニーズがはっきり（分かれば・分かると・分かり次第）、お尋ねの情報をご提供できるのですが、現時点ではまだ何もつかめていない状況です。

(3) 在庫が（完売すれば・完売すると・完売し次第）、セールを終了させていただきます。

◎練習2　「ほど」を使って、文を完成させなさい。

(1) 以上が、今回の事態を招いた原因の調査結果でございます。
　　　（　　　　　　　　　　）、よろしくお願いいたします。

(2) ご要望のありましたサンプルと価格リストをお送りいたします。
　　　（　　　　　　　　　　）、よろしくお願いいたします。

(3) 先日の会議録をお送りいたしますので、（　　　　　　　　　　）、よろしくお願いいたします。

問題5-1　納期延長依頼

状況

あなたはYMプラスティックス（株）包材3課の金井大地です。ベトナムにある提携工場付近一帯が大規模洪水に見舞われ、（株）サニーズの小泉美幸さんから注文を受けた化粧ポーチが納期に間に合わない可能性が出てきました。

タスク

小泉さん宛てに、納期延長依頼のメールを以下の情報をもとに作成しなさい。
・製造元の工場付近一帯で大規模な洪水が発生し、その結果、製造が一時的にストップした
・提携している工場は一部で製造を再開した
・注文の化粧ポーチ（EBP11、EBG42）は8月10日の納期に間に合わない可能性が高い
・1週間程度納期を延長してほしい
・納品できる日がわかったらすぐに連絡する

問題5-2　納期延長依頼への返信

状況

あなたは（株）サニーズの小泉美幸です。YMプラスティックス（株）包材3課の金井大地さんから化粧ポーチの納期延長依頼のメール（問題5-1）が届きました。納期延長になるといろいろと困ったことが起きるかもしれません。

タスク

金井さん宛てに、納期延長に関して尋ねるメールを以下の情報をもとに作成しなさい。
・1週間の延期なら秋のキャンペーンに支障がない
・1週間以上の延期は、キャンペーンの準備を進めていくのに、予定をかなり変更しなければならない
・はっきりした納期をできるだけ早く知りたい
・納期が決まったら連絡がほしい

考えよう

天災などによる不測のトラブルに対応している担当者へのねぎらい表現

問題5-3　代金振込通知

状況

あなたは（株）サニーズの小泉美幸です。注文していた化粧ポーチが納品されました。そこで支払いを行いました。担当はYMプラスティックス（株）包材3課の金井大地さんです。

タスク

金井さん宛てに、商品代金を振り込んだことを通知するメールを以下の情報をもとに作成しなさい。

・化粧ポーチの代金600,000円を9月5日に振り込んだ
・振込口座　東西銀行中目黒支店
・口座への入金を確認して連絡が欲しい

6課　照会（在庫）

役に立つ表現

～場合は	在庫がある場合は、50箱追加でお願いします。 緊急の場合は、以下の番号にご連絡ください。
手配する	50箱至急手配していただくことは可能でしょうか。 創立記念パーティーの会場はすでに手配しました。
何かございましたら	何かございましたら、いつでもご連絡ください。 何かございましたら、担当者までお問い合わせください。

◎練習1　適当なものに○をつけなさい。（一つとは限らない。）

(1) 今週中にAB-102が5台必要です。至急（手配・納入・請求）していただけませんか。

(2) 新しい社内ネットワークシステムの導入を検討しています。今週中に（見積もり・手配・納品）をお願いできますか。

(3) 商品の数量が不足していました。不足分の（手配・配送・入荷）をお願いいたします。

◎練習2　文を完成させなさい。

(1) 書類提出の締め切りは今月末です。どうしても締め切りに間に合わない場合は、
　　　（　　　　　　　　　　　　　　　　　　　　　　　　）。

(2) 在庫が少なくなっております。追加でご注文いただく場合は、
　　　（　　　　　　　　　　　　　　　　　　　　　　　　）。

★納入／納品

「納入」は（A社がB社に）商品を「納める」、「納品」は（A社がB社に）「商品を納める」という意味です。つまり、「納品」には「商品を」という意味も含まれています。「納入する」のように事物の移動が含まれる動詞は、使う文型に気を付けてください。

商品の流れ：A社 [商品]→ B社の場合

A社：　納入いたします　納入させていただきます　など
　　　　○納入した商品／納入いたしました商品

B社：　納入してください　納入願います　など
　　　　×納入した商品　○納入された／していただいた商品

問題6-1　在庫照会

状況
あなたは（株）サニーズの小泉美幸です。各店舗でお子様ランチにつけるおもちゃ（品番OCS-978）は人気があり、在庫が少なくなっています。YMプラスティックス（株）の担当は包材3課の金井大地さんです。

タスク
金井さん宛てに、在庫照会のメールを以下の情報をもとに作成しなさい。
・在庫があるか調べてほしい
・在庫がある場合は100箱すぐに送ってほしい

考えよう
末文表現（最後の挨拶文）

問題6-2　在庫照会への回答（在庫がある場合）

状況
あなたはYMプラスティックス（株）、包材3課の金井大地です。（株）サニーズの小泉美幸さんからメール（問題6-1）で依頼があったので、商品在庫を確認し、発送の手配をしました。今日は9月14日です。

タスク
小泉さん宛てに、在庫照会に対する回答メールを以下の情報をもとに作成しなさい。
・商品発送は明日になる
・商品は明後日にサニーズに届く
・宅配業者　タケル急便

考えよう
在庫照会に対するお礼表現

問題6-3　在庫照会への回答（在庫が不足している場合）

状況
あなたはYMプラスティックス（株）、包材3課の金井大地です。（株）サニーズ小泉美幸さんからメール（問題6-1）が来ました。商品の在庫を確認したところ在庫が少ないことがわかりました。今日は9月14日です。

タスク
小泉さん宛てに、在庫照会に対する回答メールを以下の情報をもとに作成しなさい。
・在庫確認の結果、品番OCS-978の在庫は60箱だった
・次の入荷は2週間後の予定だ
・提案　60箱は明後日に納入し、残りは2週間後に納入する
・提案への返事がほしい

UNIT 3　クレームを受ける

7課　照会（商品未着・数量不足）
商品未着についての問い合わせ
商品未着のお詫び
納品数量の照会
納品数量不足のお詫び

8課　社内会議1
会議のお知らせ
議事録1
議事録の送付

UNIT 3のストーリー

YMプラスティックス包材1課の林浩は入社3年目。営業成績もよく、上司からも信頼され、仕事を任されています。
最近、社内では、納期が違っていた、納品の数量が違っていた、送付先が違っていたなど、様々なトラブルが起こり、顧客からのクレームが続いています。
そこで、このような会社の信用に関わるミスを防止するために対策を検討することになりました。関係部署の担当者が集まる会議で、林浩は議事録担当を務めるよう言われました。

7課　照会（商品未着・数量不足）

役に立つ表現

間違い／手違い	何かの間違い／手違いではないかと思います。
～とは存じますが、～	何かの手違いとは存じますが、至急ご確認いただけますか。
困惑	注文と全く違う商品が届き、困惑しています。
～とのこと	不良品が混入していたとのこと、誠に申し訳ございません。
（～を）心から／心よりお詫び申し上げます	ご不便をおかけしたことを心からお詫び申し上げます。
メールにて恐縮ですが、～	直接お伺いすべきところ、メールにて恐縮ですが、先日のお礼を申し上げます。
ご愛顧	日頃のご愛顧に感謝申し上げます。今後ともどうぞ変わらぬご愛顧を賜りますよう、よろしくお願い申し上げます。

◎練習1　適当なものに〇をつけなさい。（一つとは限らない。）

(1) 商品は宅配便（にて・において・によって・で）お送りいたしました。

(2) 展示会は東京展示場（にて・において・によって・で）開催いたします。

(3) サポートセンターからの遠隔操作（にて・において・によって・で）、PCのシステムエラーが直った。

◎練習2　「～とのこと」を使って、文を完成させなさい。

(1) (　　　　　　　　　　　　　　　　)、大変申し訳ございません。

(2) (　　　　　　　　　　　　　　　　)、おめでとうございます。

★取り急ぎ

「取り急ぎ」には「丁寧ではないけれど、（返事や連絡などが）早い方がいいと思ったので」という意味があります。「取り急ぎ」だけで使われることも「取り急ぎご連絡まで」「取り急ぎメールにてご連絡いたしました」のように使われることもあります。

自分の行為に使う言葉なので、早い方がいいという意味で、「取り急ぎお送りいただけますか」と相手の行為に使うことはできません。

「取り急ぎ」という表現を失礼だと感じる人もいるので、注意が必要です。目上の人に対しては使わない方がいい表現です。また、お礼やお詫びには使わないようにしましょう。

問題7-1　商品未着についての問い合わせ

状況
あなたは（株）ナカダ屋の高井優です。YMプラスティックス（株）に10月11日に発注したビニール製ラッピングペーパー（BWP525）が納期を過ぎても届きません。YMプラスティックスの担当者は包材3課の金井大地さんです。今日は10月21日です。

タスク
金井さん宛てに、商品未着の問い合わせメールを以下の情報をもとに作成しなさい。
・10月12日の金井さんからの注文確認メールにも10月19日に納品すると書いてある
・未着の商品は得意先から急ぎの納期で注文を受けた
・得意先への納期が遅くなると、得意先との関係に影響するので困る
・現在の状況をすぐに調べて、連絡してほしい

考えよう
相手のミスを婉曲に指摘する表現

問題7-2　商品未着のお詫び

状況
あなたはYMプラスティックス（株）、包材3課の金井大地です。（株）ナカダ屋の高井優さんから期日を過ぎても注文品が届かないというメール（問題7-1）が来ました。

タスク
高井さん宛てに、商品未着のお詫びメールを以下の情報をもとに作成しなさい。
・出荷状況を確認したら発送日が10月20日になっていた
・発送担当者に正確な発送予定日が伝わっていなかった
・商品は発送済みなので、今日10月21日の午後に届く予定だ
・社内連絡がきちんとできていなかった
・今後、このようなミスが起こらないよう社内連絡と確認作業を徹底する

考えよう
丁寧度の高い謝罪表現

問題7-3　納品数量の照会

状況
あなたはピークス（株）の佐藤圭子です。YMプラスティックス（株）に注文したキャラクター付きビニール袋（品番CTB200）が届きましたが、数量が足りません。YMプラスティックスの担当者は包材1課の林浩さんです。

タスク
林浩さん宛てに、納品数量照会のメールを以下の情報をもとに作成しなさい。
・10月14日付注文書の記載は、キャラクター付きビニール袋（品番CTB200）25パック
・届いた数量を確認したら20パックだった
・発送数量を確認し、急いで不足分を手配してほしい

問題7-4　納品数量不足のお詫び

状況
あなたはYMプラスティックス（株）包材1課の林浩です。ピークス（株）の佐藤圭子さんから、ピークスへ発送したキャラクター付きビニール袋（品番CTB200）の数量が注文と違っているというメール（問題7-3）が来ました。

タスク
佐藤さん宛てに、納品数量不足を詫びるメールを以下の情報をもとに作成しなさい。
・出荷状況を確認したところピークス宛ての5パックが残っていた
・不足分を今日発送したので、明日には届く
・確認作業がきちんとできていなかった
・今後、このような初歩的なミスが起こらないよう確認作業を徹底する

考えよう
丁寧度の高い謝罪表現

8課　社内会議1

役に立つ表現

下記／以下のとおり	下記のとおり、実施いたします
	参加条件は以下の通りです
名詞句 （全体が一つの名詞となる）	改善を提案する→改善の提案／改善提案
	同僚と議論する→同僚との議論
	本社で会議をする→本社での会議
	上司に結果を報告する→上司への結果の報告／上司への結果報告

◎練習1　名詞句にする場合に、適当なものに○をつけなさい。（一つとは限らない。）

　　　　　　　　　　　　　　　　　　　　　　　　　　　　φ＝助詞なし

（1）取引先に納品を依頼する　→取引先（に・にの・への）納品（を・の・φ）依頼

（2）電話で発注することを禁止する

　　　→電話（での・による・によって）発注（を・の・φ）禁止

（3）（田中さんが席を外している。）

　　　田中さんに伝言してほしいとお願いする

　　　→田中さん（に・の・への）伝言（を・の・φ）お願い

◎練習2　「下記／以下のとおり」を使って、文を完成させなさい。

（1）今期のPC社内研修の日程は（　　　　　　　　　　）。奮ってご参加ください。

（2）定期健康診断を（　　　　　　　　　）。全員必ず受診してください。

問題8-1　会議のお知らせ

状況
あなたは包材1課の鈴木香です。最近、取引先から商品未着や数量不足などのクレームが相次いでいます。そこで、ミスを防止するための対策を立てることが必要となり、会議を開くことになりました。部長から関係者に知らせるよう言われました。

タスク
関係者宛てに、会議開催を知らせるメールを以下の情報をもとに作成しなさい。
・出席者は包材部からは森田部長、包材1課川上課長、包材3課金井さん、包材1課林浩さん、配送部からは鈴木部長、近藤課長、渡辺さん
・会議の名称は「ミス多発防止対策会議」
・議題は「包材部と配送部の連絡システムの見直し」
・場所は会議室1、日時は11月8日（火）15時から16時まで

問題8-2　議事録1

状況
あなたはYMプラスティックス（株）包材1課の林浩です。11月8日に開かれたミス多発防止対策会議（問題8-1）で記録担当になりました。

タスク
議事録を以下の情報をもとに作成しなさい。
　議題は「包材部と配送部の連絡システムの見直し」でした。包材部と配送部の連絡システムを見直すことで誤出荷を防止しようというのが目的です。
　まず、配送部から過去7か月間の受注件数とクレーム発生件数の推移の説明がありました。次に、現在の包材部と配送部の間の連絡システムの概要と問題点、今回クレームが生じた件の原因について説明がありました。
　社内規定では包材部は電話連絡の後、直ちにメールで配送部へ連絡することになっていますが、包材部の担当者が忙しい場合など電話で済ませるだけで、メールを送るのを忘れてしまうこともあります。また、通常は、発送が終わった段階で配送部から包材部に配送完了メールを送ることになっていますが、配送部からのメールが送られてこない場合も、包材部内部でも規定違反だと問題になることはありませんでした。メールをきちんとチェックしていない包材部員もいます。

今回クレームが生じたのは、社内規定が守られずに、言い間違い、聞き間違いなどが起こりやすい電話連絡という手段に頼っていたことに大きな原因があります。今後は、電話での連絡は一切禁止とし、それに代わり配送指示、受領確認、配送完了連絡がクラウドで管理できるNACシステム社の「クラウド配送支援システム」を導入することになりました。

　ソフトの導入は来月中旬になる予定です。詳細については関係者全員に文書で追って通達します。

　会議で配付された資料は「20XX年4月から20XX年10月までの受注件数とクレーム発生件数の推移の表およびグラフ」、NACシステム社の「クラウド配送支援システム」カタログです。

考えよう
・出席者の記載順番
・名詞句の使用（例：「～を報告する」→「～の報告」）
・項目の立て方

議事録の書式

```
                                            作成日
                              作成者（部署名＋名前）
                    会議の名称

1. 日時
2. 場所
3. 出席者（部署別、職位順）
4. 議題
5. 議事内容（簡潔に分かりやすく）
   (1)
   (2)
    ・
    ・
    ・
6. 決定事項（あれば）
7. 資料（あれば）
8. その他・次回の予定（あれば）
                                              以上
```

他の文書とは違い議事録には宛名を付けない

問題8-2　解答用紙

20XX年11月9日

_____

_____

1. 日時
2. 場所
3. 出席者

4. 議題

5. 議事内容

6. 決定事項

7. 資料

8. その他

_____

問題8-3　議事録の送付

状況
あなたは包材1課の林浩です。11月8日（火）に行われた「ミス多発防止対策会議」の議事録を関係者に水曜日に送付する予定にしていましたが、木曜日になってしまいました。

タスク
関係者に議事録を送付するメールを以下の情報をもとに作成しなさい。
・送るのが遅くなってしまったことを謝る
・内容についてコメントを求める

UNIT 4　セミナーを開催する

9課　依頼（セミナーの講師）
講師の依頼
講師依頼に対する断り
講師依頼に対する承諾

10課　稟議書（伺い書）
セミナー関連の稟議書
セミナー会場備品に関する交渉

UNIT 4のストーリー

YMプラスティックスでは、個人主体の営業だけでなく、チームによる営業の強化を目指しています。そのため、中堅社員を対象に営業力アップセミナーを実施することにし、著名なシンクタンクの代表に講師を依頼しました。
セミナー担当の河本さんは講師の手配や会場の準備に追われています。セミナー会場として社外のレンタル会議室を借りたかったのですが、費用が掛かりすぎるという理由で許可が下りませんでした。

9課　依頼（セミナーの講師）

役に立つ表現

お願いしたく（～たく、～）	講師をお願いしたく、連絡させていただきました。
～ば幸いです／～ばと存じます	お引き受けいただければ幸いです。 お尋ねいただければと存じます。

◎練習1　「～たく」を使って、文を完成させなさい。

（1）先日のお約束の件ですが、どうしても都合がつかなくなってしまったため、
　　（　　　　　　　　　　　　　　　　　　　　　　　　　　）。

（2）テレビ会議システムを管理できる人を探しております。もし適当な方をご存知でしたら（　　　　　　　　　　　　　　　　　　　　　　　　　）。

◎練習2　「～ば幸いです／～ばと存じます」を使って、文を完成させなさい。

（1）使いやすさを追求した新商品のサンプルをお送りいたしますので、
　　（　　　　　　　　　　　　　　　　　　　　　　　　　　）。

（2）顧客満足度の調査をしております。弊社製品をお使いの皆様に
　　（　　　　　　　　　　　　　　　　　　　　　　　　　　）。

問題9-1　講師の依頼

状況
あなたはYMプラスティックス（株）人事部の河本直美です。今年度、社内で「チームで営業力アップ」というテーマでセミナーを開催することになり、4月から準備を進めています。講師はPSS経営研究所の矢上啓太さんにお願いしようと思っています。矢上さんに会ったことはありません。

タスク
矢上さん宛てに、講師を依頼するメールを以下の情報をもとに作成しなさい。
- 個人主体の営業からチームによる営業強化を目指し、営業力アップセミナーを開催することになった。
- セミナーの対象者は中堅社員20名
- 矢上さんは企業研修セミナーの講師の経験も多い
- 矢上さんの著書『営業改革　チームワーク力』には、チーム営業の効果が実践例を挙げながら詳しく書かれている
- 矢上さんの話を聞ければ営業力アップにつながることは確実だ
- セミナーは9月8日（木）午後2時～4時を希望するが、少しくらいずれても構わない
- 会場は本社会議室　http://www.ymplastics.co.jpに地図あり
- 謝礼は20万円を予定。交通費は別途支払う

考えよう
初対面の相手に対する書き出しの表現

問題9-2　講師依頼に対する断り

状況
あなたはPSS経営研究所の矢上啓太です。YMプラスティックス（株）人事部の河本直美さんからセミナー講師依頼のメール（問題9-1）が来ましたが、引き受けられそうもありません。

タスク
河本さん宛てに、依頼を断るメールを以下の情報をもとに作成しなさい。
- 9月は他にもセミナーを引き受けているので忙しい
- 依頼された9月8日もすでにセミナーの予定が入っている
- 機会があれば、また声をかけてほしいと思っている

考えよう
・断りの意図をきちんと伝える表現
・不愉快な印象を与えない配慮

問題9-3　講師依頼に対する承諾

状況
あなたはPSS経営研究所の矢上啓太です。YMプラスティックス（株）人事部の河本直美さんからセミナー講師依頼のメール（問題9-1）が来ました。引き受けるつもりですが、事前に確認しておきたいことがあります。

タスク
河本さん宛てに、依頼を承諾するメールを以下の情報をもとに作成しなさい。

・講師を引き受ける
・前半を講義、後半をグループワークと討論という構成にしたいが、この構成だと2時間では足りないので、1時間延長することは可能か
・5つのグループに分けてグループワークを行いたい
・発表のために使うホワイトボードを各グループに1面ずつ用意してもらえるか
・スライドを使い講義を進めていくつもりなので、スクリーンとプロジェクターを用意してほしい
・講義の中でインターネットのサイトを参照したいが、インターネットにアクセスできるか
・当日はパソコンを持参してもよいが、できればパソコンを用意してもらいたい

考えよう
・不明な点の確認の仕方
・条件変更の希望を表明する表現

10課　稟議書(伺い書)

■稟議書とは

担当者の起案を関係者に回覧して承認、決裁を求める文書

起案する内容によって、部長決裁、本部長決裁、常務決裁、社長決裁など承認を得る範囲が異なる。また、会社によっても異なる。

■ポイント

起案に承認を得るためには、内容の必要性を理解してもらわなければならない。そのため、起案の目的・理由、予算、期待できる効果などを簡潔、かつ説得力のある文書にまとめることが重要である。見積書、商品リストなどの資料がある場合は添付する。

役に立つ表現

標題/標記の件	標題の件について会議を開催いたします。
お伺いいたします	備品をレンタルしてよいか、お伺いいたします。
判断する	上記の理由により、価格は妥当なものと判断します。
決裁	標題の件についてご決裁くださいますよう、お願い申し上げます。

◎練習1　適当なものに○をつけなさい。

(1) 私どもの事情をご(判断・理解・了承)いただければ幸いです。

(2) この物件の価格は適切であると(判断・理解・了承)します。

(3) この件については、課長の(判断・理解・了承)をいただいています。

◎練習2　「お伺いいたします」を使って、文を完成させなさい。

(1) 状況:展示会の準備のためにアルバイトが必要です。
　　　(　　　　　　　　　　　　　　　　　　　　　)。

(2) 状況:デスクトップ型パソコンを5台買い替える必要があります。
　　　(　　　　　　　　　　　　　　　　　　　　　)。

★お伺いいたします

「聞く」→「伺う」と、「お〜する」という敬語を二重に使っていますが、これは慣例として定着している表現です。通常、二重敬語は間違いとされています。

　例：○社長がおっしゃっていました
　　　×社長がおっしゃられていました

★決裁と決済

同音異義語なので、漢字変換の際に注意が必要です。

決裁：部下が提案した件に対して上位者がその可否を決めること

決済：支払いを行い、取引を終えること

　例：インターネットの普及により電子決済が主流になりつつある。

問題10-1　セミナー関連の稟議書

状況

あなたはYMプラスティックス（株）人事部の河本直美です。9月に開催する「営業力アップセミナー」の講師を依頼したPSS経営研究所の矢上啓太さんから、時間、会場について要望がありました（問題9-3）。社の会議室はインターネットに接続できないので、貸し会議室を借りる必要があります。また、ホワイトボードも4面不足しています。

タスク

人事部長の高木さん宛てに、以下の情報をもとに稟議書を作成しなさい。次ページの解答用紙の書式に沿ってまとめなさい。
- インターネットアクセスのできる会議室のレンタル料は4時間で44,500円（プロジェクター、スクリーン、マイク、ホワイトボード1面込み）
- ホワイトボード4面で4,320円
- 見積書、カタログをA社、B社、C社、3社分添付する。

問題10-2　セミナー会場備品に関する交渉

状況

あなたはYMプラスティックス（株）人事部の河本直美です。「営業力アップセミナー」講師の矢上啓太さんから要望のあったもの（問題9-3）を用意すべく、貸し会議室のレンタルを上司に打診したのですが、経費が掛かりすぎるという理由で、ホワイトボードのレンタルしか認められませんでした。

タスク

矢上さん宛てに、セミナーに関する交渉メールを以下の情報をもとに作成しなさい。
- セミナーの時間は3時間でも可能だが、謝礼は2時間と同じ20万円
- プロジェクター、スクリーン、マイク、ホワイトボード5面は用意できるが、インターネットアクセスはできない。
- 以上の条件でプログラムを組んでほしい。

考えよう

講師受諾への感謝の気持ちを伝える表現

問題10-1　解答用紙

20XX年4月20日

高木部長

人事部
河本直美

_____件

標記の件、下記のとおりレンタルしてよいかお伺いいたします。

1. 理由

2. 予算

3. 添付資料
   A社、B社、C社、3社からの見積書とカタログ

   3社を比較検討した結果、A社の上記価格は妥当なものと判断します。

以上

UNIT 5　新規顧客を開拓する

11課　社内会議2
議事録2
後輩に注意する

12課　紹介依頼
紹介依頼を取り次ぐ
面談日程の調整
紹介のお礼

UNIT 5のストーリー

包材部では販売促進会議を定期的に行っています。今回の議事録担当は林浩と同じ課の加山さんです。林浩はこの会議で新規顧客開拓を提案しました。回転寿司チェーン「すし太郎」との取引を始めたらどうかという提案です。提案が認められたので、「すし太郎」と取引があるダイヤフードサプライの近藤さんに紹介をお願いすることにしました。近藤さんのお蔭で「すし太郎」の内田さんと会うことが決まりました。

11課　社内会議2

議事録の書式はUNIT3、8課p.58参照のこと

役に立つ表現

～よう／ないよう、～	弊社はお客様にご満足いただけるよう、常により良い製品の開発に努めています。
追って～	詳細は追ってご連絡いたします。
～かと思います／存じます	事情がよく分からないので、まずは先方に確認した方がいいかと思います。 ご迷惑をおかけするかと存じますが、何とぞご容赦くださいますよう、お願いいたします。

◎練習1　「～よう／ないよう、～」を使って、文を完成させなさい。

(1) 弊社は、（　　　　　　　　　　　　　　　　　）細心の注意を払っております。

(2) 社外メールには「プッシュする」「ペイする」など、（　　　　　　　　　　　　　　）徹底させてください。

◎練習2　「～かと存じます」を使って、文を完成させなさい。

(1) 従来の製品より品質を高め、しかも価格は変更しておりませんので、
（　　　　　　　　　　　　　　　　　　　　　　　）。

(2) ご購入を検討中とのこと、ありがとうございます。今月中にご連絡いただければ、
（　　　　　　　　　　　　　　　　　　　　　　　）。

問題11-1　議事録2

状況
あなたは包材1課の加山凜太郎です。昨日6月9日（木）10時から11時まで、第2会議室で包材1課の販売促進会議が行われました。出席者は川上課長、鈴木さん、木田さん、林浩さん、あなたでした。欠席は吉井さんでした。議題は新規顧客開拓についてでした。

タスク
以下の内容をもとに議事録を作成しなさい。次ページの解答用紙の書式に沿ってまとめなさい。

林浩さんの発言
ここ数年来の業績低迷を打破するために大口の新規取引先を開拓する必要がある。回転寿司チェーン「すし太郎」にターゲットを絞っている。理由は、競争が激しい回転寿司チェーンの中でも業績を伸ばしていることと、全国展開をしていること。
「すし太郎」の過去3年の業績資料を配付した。

鈴木さんの発言
YMプラスティックスでは新しく提携した深センの工場から今までより安価で品質のよい業務用ゴミ袋を仕入れることができるようになった。また、深センでは工場の建設ラッシュが始まり過当競争が起きているので、大量発注すればもっと安く仕入れることも可能なはずだ。

木田さんの発言
業務用ゴミ袋は印刷ミスなどのリスクが少ないので、最初に売り込む商品として最適だ。林浩さんの提案はかなりいいのではないか。

川上課長の発言
業者は今までの仕入先を変えることに抵抗を示す場合が多く、仕入先と古い付き合いがある場合は特に難しい。しかし、最終的には林浩さんの提案を承認する。
営業に当たり、誰かから紹介してもらう形を取ったほうがいい。YMプラスティックスの取引先の中で、「すし太郎」と取引がある会社は加山さんが調査することにしたい。
林浩さんはその結果を聞いて、「すし太郎」の誰かを紹介してもらうように。

次回の会議は7月4日（月）10時から11時。場所は未定なので部屋が取れたら連絡する。議題は「販売促進進捗状況報告」。

問題11-1　解答用紙

20XX年6月10日

作成者　包装資材部1課
　　　　加山凜太郎

_____

1. 日時
2. 場所
3. 出席者

4. 議題
5. 議事内容

6. 決定事項

7. 資料

8. 次回予定

問題11-2　後輩に注意する

状況
あなたは包材1課の林浩です。後輩の加山凜太郎さんから課員全員に議事録が添付ファイルで送られてきました。送られてきた議事録を読んで、気になる点がいくつかありました。

タスク
加山さん宛てに、加山さんが作成した議事録について注意するメールを以下の情報をもとに作成しなさい。
・私（林浩）が長々と話したことが簡潔にまとめられ非常に分かりやすい。
・欠席者がいたのに全員出席になっていた。
・「すし太郎」過去3年間の業績資料配付の記載がなかった。
・議事録は記録として残るので、後で読み返したときに問題が起きないよう、正確に書くことが必要。
・間違いはすぐに訂正して再送すれば問題ない。

考えよう
・議事録作成作業に対するねぎらい表現
・アドバイスするという気持ちの示し方

12課　紹介依頼

役に立つ表現

あいにく	来週の火曜日の懇親会ですが、あいにく先約がありまして出席できません。
～とは存じますが、～	お忙しいとは存じますが、ご検討のほどよろしくお願いいたします。
～にもかかわらず、～	無理なお願いにもかかわらず、早急に商品を手配してくださり／ご手配くださりありがとうございます。

◎練習1　「あいにく」を使って、文を完成させなさい。

（1）せっかくお電話をいただきましたが、あいにく（　　　　　　　　　　）。

（2）お問い合わせのAPP30ですが、あいにく（　　　　　　　　　　）。

◎練習2　文を完成させなさい。

（1）お忙しいとは存じますが、（　　　　　　　　　　）。

（2）諸事情により難しいとは存じますが、（　　　　　　　　　　）。

★お／ご

基本的に「お＋和語」「ご＋漢語」ですが、「お返事／ご返事」はどちらも使われます。
また、「お／ご」のつけ方には、一般的に次のような原則があります。

1. 相手の行為には「お／ご」をつける
2. 自分から相手に向かう行為には、相手を立てるために、「お／ご」をつける
　　例：ご報告、ご説明、ご確認など

＊2について誤用を起こさないように、次の2点を覚えておくとよいでしょう。
　　・自分の行為には名詞としての使用を避ける
　　・謙譲表現「ご～いたします」「ご～申し上げます」を使う
　　例：×ご質問があります　　○ご質問いたします　　○ご質問申し上げます

問題12-1　紹介依頼を取り次ぐ

状況

あなたは（株）ダイヤフードサプライの近藤雅夫です。回転寿司チェーン「（株）すし太郎」はダイヤフードサプライの大口の取引先です。数日前にYMプラスティックス（株）の林浩さんから「すし太郎」と取引を始めたいので、「すし太郎」の誰かを紹介してもらえないかという相談を受けました。そこで、「すし太郎」総務部の内田博美さんを紹介しようと考えました。

タスク

内田さん宛てに、紹介依頼を取り次ぐメールを以下の情報をもとに作成しなさい
・YMプラスティックスはプラスチック製品全般を扱っている
・YMプラスティックスは「すし太郎」と取引を始めたいと考えているが、「すし太郎」にツテがない
・ダイヤフードサプライはYMプラスティックスと10年くらい取引がある
・YMプラスティックスは非常にしっかりした会社である
・林浩さんに一度会ってほしい
・返事をもらったら、こちらから林浩さんに連絡を取る

問題12-2　面談日程の調整

状況

あなたはYMプラスティックス（株）包材1課の林浩です。昨日、（株）ダイヤフードサプライの近藤雅夫さんから電話があり、「（株）すし太郎」総務部の内田博美さんが会ってくれるということでした。

タスク

内田さん宛てに、面談日程の調整をするメールを以下の情報をもとに作成しなさい。
・自己紹介をする
・面談を承諾してもらったことに感謝の意を表す
・自社の簡単な紹介（プラスチック製品全般の取扱い）をする
・今期から安くて品質の高い業務用ゴミ袋が提供できる
・扱っている商品について会って説明したい
・来週中ならいつでも訪問できる

問題12-3　紹介のお礼

状況
あなたはYMプラスティックス包材1課の林浩です。(株)ダイヤフードサプライの近藤雅夫さんの仲介で「すし太郎」の内田さんと面談の約束が取れました。

タスク
近藤さん宛てに、紹介してもらったことに対するお礼のメールを以下の情報をもとに作成しなさい。
・内田さんと会えることになった
・お礼と簡単な報告をする

考えよう
・紹介依頼に対応してくれたことに対する感謝の表現

UNIT 6　報告書・始末書を書く

13課　出張報告
出張報告書
出張経費精算書提出の催促
出張経費精算書提出の催促に対する返信

14課　始末書
始末書例
始末書

UNIT 6のストーリー

林浩は、営業担当としてよく出張に行きます。今月も中国に行ってきました。出張から戻ると留守中の仕事が山積みになっていて、目が回るほど忙しい日が続いています。出張から戻ってきたら、すぐに出張報告書や精算書を出すことになっていますが、今回は提出が遅れています。
また、疲れがたまっていたせいか、ある日電車に重要な書類を忘れてしまいました。一方、新人の吉井さんも仕事に慣れ、あちこちの会社に営業に行くようになりました。ところが、先日うっかりして会社の携帯電話をなくしてしまいました。二人とも困った状況になっています。

13課　出張報告

役に立つ表現

余地がある	価格については交渉の余地があると考えています。 CS（Customer Satisfaciton＝顧客満足度）が向上したとはいえ、まだまだ改善の余地があります。
語の繋がりと省略形	必要性が大きい／高い→必要性大 可能性が大きい／高い→可能性大 危険性が大きい／高い→危険性大 影響力が大きい→影響力大 互換性がある→互換性有 効果がない→効果なし
〜化	システム化・マニュアル化・IT化・オンライン化・グローバル化 国際化・情報化・活性化・一体化・具体化

◎練習1　「余地がある」を使って、文を完成させなさい。

(1) この企画案、この間見たものよりだいぶ良くなっていますが、
　　まだまだ（　　　　　　　　　　　　　　　　　　　　　）。

(2) この案件については、部内で十分に話し合ったとは言えません。
　　まだ（　　　　　　　　　　　　　　　　　　　　　　　）。

◎練習2　「〜化」を使って、文を完成させなさい。

(1) だれが新しく担当になっても同じように作業ができるように、
　　（　　　　　　　　　　　　　　　　　　　　）。

(2) 24時間どこからでも登録手続きができるように、
　　（　　　　　　　　　　　　　　　　　　　　）。

問題13-1　出張報告書

状況
あなたはYMプラスティックス包材1課の林浩です。1月21日から24日まで中国に出張し、1月25日に本社に出社しました。

タスク
川上課長宛てに、出張報告書を以下の内容をもとに作成しなさい。次ページの書式に沿ってまとめなさい。

日程・目的：
　21日にYMプラスティックス上海事務所、22日に上海塑胶製品工場、23日に深セン塑胶有限公司を回った。目的は上海事務所の現状と課題を把握すること、および各工場の視察だった。

上海事務所
　田中所長は「2か月前に提出した現地報告書に書いた通り、仕事の取引量が2年前と比べると3倍以上に増えたので、平日だけではとても仕事がこなせない。土日も出勤している状態がここ数カ月続いている」と話していた。
　本当に田中さんはやつれた表情で、少しやせてしまい疲れているようだった。人員を1人増やしたほう方がいいと強く感じた。

上海塑胶製品工場
　総経理の郭杰さんと会った。印刷間違いなど、このごろミスが多発しているので、その経緯を詳しく聞いたが、要を得た答えが返ってこなかった。そこで、どのように指示を出しているか聞くと、注文を最初に見た人が指示を出しているとのことだった。驚いたことに指示系統がシステム化されていない。マニュアルの見直しが必要だと感じた。

深セン塑胶有限公司
　新しい機械を導入しているので、稼働率も上海の1.5倍と高い。工員の態度もよく、上からの指示が徹底されていた。周楊総経理によると価格については相談次第でまだ下げられるということだ。現在、包材1課では商品の70％を上海に発注しているが、今後は深センをメインに考えてもいいのではないかと思った。

考えよう
・報告書に書くべき項目
・書くべき内容の取捨選択

出張報告書の書式

```
                                                          作成日
  宛名（名前＋役職名）
                                                   作成者（所属＋名前）


                           題（タイトル）

  以下のとおり出張の報告をいたします。


  1. 出張期間  ⎫
  2. 出張先    ⎬  箇条書き
  3. 出張目的  ⎪
  4. 面談者    ⎭
  5. 出張結果
       ・簡潔に分かりやすく書く
       ・事実と意見を分ける



  その他　添付資料などがある場合は添付資料の題（タイトル）を書く
                                                           以上
```

- （出張）報告書はできるだけ早く提出することが望ましい。遅くとも2、3日中には提出する。
- 会社の書式がある場合は、その書式に従って書く。

問題13-1　解答用紙

20XX年1月25日

川上課長

包装資材部1課

林　浩

_____

以下のとおり出張の報告をいたします。

1. 出張期間
2. 出張先

3. 出張目的

4. 面談者

5. 出張結果
　①上海事務所

　　　→（自分の意見）
　②上海塑胶製品工場

　　　→（自分の意見）
　③深セン塑胶有限公司

　　　→（自分の意見）

以上

問題13-2　出張経費精算書提出の催促

状況
あなたは経理部の秋田由美子です。包材1課の林浩さんは1月21日から24日まで上海に出張し、25日に出社しましたが、まだ出張経費の精算書を提出していません。今日は1月28日です。

タスク
林浩さん宛てに、出張経費精算書の提出を催促するメールを以下の情報をもとに作成しなさい。
・上海出張経費の精算書が未提出
・社内規定では出社後、3日以内に提出することになっている。
・事務処理の関係上、すぐに精算書を提出してほしい。

問題13-3　出張経費精算書提出の催促に対する返信

状況
あなたは包材1課の林浩です。上海出張経費の精算書をまだ提出していません。経理部の秋田由美子さんから催促のメール（問題13-2）が来ました。

タスク
秋田さん宛てに、出張経費精算書提出の催促に対する返信メールを以下の情報をもとに作成しなさい。
・25日に提出するつもりだったが、うっかり忘れてしまった。
・精算書は添付ファイルで送付する。
・反省し、今後は気を付けるようにする。

考えよう
・状況に適した謝罪表現

14課　始末書
しまつしょ

■始末書とは

業務規則に違反したり、事故やトラブルを起こしたりして会社に損害を与えた場合に会社に提出する文書

■始末書に盛り込む4つのポイント

1. 事実関係の説明（いつ・どこで・何が起こった）
2. その事態に至った原因
3. お詫び・反省
4. 再発防止の決意表明

■その他注意点

・素直に自分の非を認め、反省することが大切である。
・始末書は通常手書きとされているが最近ではパソコンの文書ソフトで作成する場合も多い。パソコンで作成した場合は最後の署名は自筆とする。どちらの場合も捺印をする。

始末書を書くときに使う表現

結果	私の軽率なミスで、重要な○○を紛失してしまいました。
謝罪表明	お詫びのことばもございません。 この度のことは私の不注意が原因で、弁解のしようもございません。 （会社ならびに関係者の皆様に）ご迷惑をおかけしたことを深く反省しております。
決意表明	今後はこのような事態を招かぬよう細心の注意を払うことを誓います。 今後はこのような過ちを繰り返さぬよう、気を引き締め、責任を自覚し職務に励むことをお誓い申し上げます。 この度の不始末を心より反省し、今後二度とこのようなことを起こさぬよう厳重に注意するとともに、なおいっそう業務に励むことをお誓い申し上げます。

役に立つ表現

いまだに	いまだに復旧していません いまだに改善されていません
漢語表現	なくす→紛失する 貸し与える→貸与する 忘れる→失念する お詫びする→謝罪する 電車を降りる→下車する 快く引き受ける→快諾する

◎練習1 「いまだに」を使って、文を完成させなさい。

(1) X社との契約については何度も検討を重ねていますが、(　　　　　　　　)。

(2) Y社に再三催促しているのですが、(　　　　　　　　)。

◎練習2　下線部を漢語表現に変えなさい。

(1) 昨日、書類を<u>お送りいたしました</u>。
　　→　昨日、書類を(　　　　　　　　)。

(2) 間違いがないか、<u>お確かめください</u>。
　　→　間違いがないか、(　　　　　　　　)。

(3) 入り口でIDカードを<u>お示しください</u>。
　　→　入り口でIDカードを(　　　　　　　　)。

問題14-1　始末書例

状況文（A）と始末書例（B）を対比しながら読み、始末書の書き方を理解しなさい。そして、始末書例のどの部分が「始末書に盛り込む4つのポイント」（p.83）に当たるのか確認しなさい。（四角で囲み、p.83のポイントの番号を付けなさい。）

A. 状況文

あなたは包材1課の林浩です。昨日午後3時ごろ訪問先のナカダ屋から、JR山手線で社に戻る途中、契約関係の書類をなくしてしまいました。書類を入れた鞄を電車の網棚に載せていました。途中で座れたのですが、鞄は降りるときに下ろせばいいと思いそのままにしていました。座席に座ると、日ごろの疲れがたまってついウトウトしてしまいました。渋谷で電車のドアが開いているときに目がさめ、あわてて下車したので、網棚に鞄を置いたことをすっかり忘れてしまいました。電車を降りた後、鞄を忘れたことに気づき、駅員に連絡し調べてもらいましたが、鞄はありませんでした。その後、遺失物としてJRと警察に届けを出しました。今日になっても、まだどちらからも連絡がありません。

B. 始末書例

20XX年2月15日

森田部長

　　　　　　　　　　　　　　　　　　　　　　　　包装資材部1課
　　　　　　　　　　　　　　　　　　　　　　　　　　　　林浩

　　　　　　　　　　　　　始末書

　私、林浩は、20XX年2月14日午後3時ごろ、取引先のナカダ屋からJR山手線で社に戻る途中、契約関係の書類が入った鞄を紛失してしまいました。書類を入れた鞄を電車の網棚に乗せていましたが、失念してしまい、渋谷で下車してしまったためです。

　下車後鞄を忘れたことにすぐに気づき、ただちに駅員から車掌に連絡し確認してもらいましたが、鞄は見つかりませんでした。その後、遺失物として届けを出し、JRおよび警察が捜索を続けておりますが、いまだに連絡がありません。

　私の不注意により、会社と取引先に重大なご迷惑をおかけしましたことは誠に申し訳なく、心よりお詫び申し上げます。

　今後は二度とこのような事態をおこさないように十分に注意することを誓います。

　また、今回の件につきましてはいかなる処分を受けましても異存はございません。

　　　　　　　　　　　　　　　　　　　　　　　　　　　　　　以上
　　　　　　　　　　　　　　　　　　　　　　　　　　署名　押印

問題14-2　始末書

状況
あなたは包材1課の吉井京子です。会社から貸与されているスマートフォンをなくしてしまいました。

タスク
包材部長の森田さん宛てに、以下の情報をもとに始末書を作成しなさい。
・昨日2月27日にサニーズを訪問した。
・サニーズを出て、社に戻る前の2時に同じ課の木田さんに電話をかけたので、それ以降になくした可能性が高い。
・社に戻り、4時ごろに着信記録を見ようとしたときにスマートフォンがないことに気づいた。
・社内でありそうなところを捜したが見つからなかった。
・駅、警察にも問い合わせたが、まだ連絡がない。
・契約している電話通信会社には通信停止処置をするよう連絡した。

メール文用解答用紙

宛先:

件名:

****

****

練習問題解答および解答例

1課

練習1 （1）までに　（2）まで　（3）まで

練習2 （1）10％割引にさせていただきます
　　　　（2）資金計画の詳細につきましては、お手元の資料をご参照ください

2課

練習1 （1）つきましては　（2）さて　（3）さて

練習2 （1）12時50分までにお集まりください
　　　　（2）速やかにご提出ください

3課

練習1 （1）厚く・心より　（2）誠に　（3）深く

練習2 （1）山田さんにお会いすることができました／無事契約することができました
　　　　（2）売り上げが好調です／売り上げが好調で、増産体制に入りました

4課

練習1 （1）いただけますでしょうか　（2）いただけませんか　（3）いただきます

練習2 （1）ご検討ください　（2）お待ちいただけますでしょうか

5課

練習1 （1）決まりましたら・決まり次第　（2）分かれば　（3）完売し次第

練習2 （1）ご理解のほど　（2）ご検討のほど　（3）ご確認のほど

6課

練習1 （1）手配・納入　（2）見積もり　（3）手配・配送
練習2 （1）担当者までご連絡ください
　　　　　（2）納期が多少遅くなることをご了承ください

7課

練習1 （1）にて・で　（2）にて・において・で　（3）によって・で
練習2 （1）数量が不足していたとのこと　（2）支店長としてご栄転されるとのこと

8課

練習1 （1）への／の・φ　（2）での・による／の・φ　（3）への／の
練習2 （1）以下のとおりです　（2）下記のとおり実施します

9課

練習1 （1）延期していただきたくお願いいたします・変更をお願いしたく、連絡いたしました
　　　　　（2）ご紹介いただきたくよろしくお願い申し上げます
練習2 （1）ご検討いただければと存じます・お試しいただければと存じます
　　　　　（2）ご協力いただければ幸いです

10課

練習1 （1）理解　（2）判断　（3）了承
練習2 （1）展示会準備のためのアルバイトを雇ってよいか、お伺いいたします
　　　　　（2）デスクトップ型パソコンを5台購入してよいか、お伺いいたします

11課

練習1 （1）お客様に安全な製品をお届けできるよう
　　　　（2）安易にカタカナ語を使わないよう
練習2 （1）十分ご満足いただけるかと存じます
　　　　（2）ご希望の品を準備できるかと存じます

12課

練習1 （1）林は出張中でございます。ご伝言を承ります
　　　　（2）在庫が切れております。明日には入荷の予定です
練習2 （1）ぜひご来場いただきたく、お願い申し上げます
　　　　（2）何とか再検討していただけないでしょうか

13課

練習1 （1）考える／改善／修正する余地があると思います
　　　　（2）議論の余地があります
練習2 （1）マニュアル化しておいた方がいいと思います
　　　　（2）登録をオンライン化した方がいいと思います

14課

練習1 （1）いまだに結論が出ません　（2）いまだに返事がありません
練習2 （1）ご送付いたしました　（2）ご確認ください　（3）ご提示ください

著者

村野　節子（むらの　せつこ）
　　武蔵野大学非常勤講師
　　ACTFL認定OPIテスター
　　青山学院大学大学院修士課程修了（国際コミュニケーション）

向山　陽子（むこうやま　ようこ）
　　武蔵野大学特任教授
　　ACTFL認定OPIテスター
　　お茶の水女子大学博士後期課程単位取得退学（応用言語学）人文科学博士

山辺　真理子（やまべ　まりこ）
　　武蔵野大学非常勤講師
　　ACTFL認定OPIテスター
　　立教大学大学院修士課程修了（比較文明学・言語多文化）

イラスト
　藤本康生

装丁・本文デザイン
　Boogie Design

タスクで学ぶ日本語ビジネスメール・ビジネス文書
適切にメッセージを伝える力の養成をめざして

2014年9月26日　初版第1刷発行
2018年9月21日　第3刷発行

著　者　村野節子　向山陽子　山辺真理子
発行者　藤嵜政子
発　行　株式会社スリーエーネットワーク
　　　　〒102-0083　東京都千代田区麹町3丁目4番
　　　　　　　　　　トラスティ麹町ビル2F
　　　　電話　営業　03（5275）2722
　　　　　　　編集　03（5275）2725
　　　　http://www.3anet.co.jp/
印　刷　萩原印刷株式会社

ISBN978-4-88319-699-9　C0081
落丁・乱丁本はお取替えいたします。
本書の全部または一部を無断で複写複製（コピー）することは著作権法上での例外を除き、禁じられています。

上級レベル

タスクで学ぶ
日本語ビジネスメール・ビジネス文書

村野節子・向山陽子・山辺真理子 著

適切にメッセージを伝える力の養成をめざして

解答例と解説

スリーエーネットワーク

UNIT 1

1課
問題1-1解答例

宛先：	包装資材部1課
件名：	吉井さん歓迎会の日程のお伺い
添付：	日程表

包材1課各位

林浩です。
お疲れさまです。

吉井京子さんの歓迎会を課主催で開くことになりました。
できるだけ多くの方が参加できるように、皆さんのご都合を伺ってから日程を決めたいと思います。

来週と再来週の日程表を添付しますので、都合の悪い日に×をつけていただけますか。
4月18日までにご返信ください。

なお、時間は6時からを予定しています。

よろしくお願いします。

****
包装資材部1課
林浩（リンコウ）
linko@ymplastics.co.jp
内線1381
****

社内の課員全員に宛てる場合は「課名＋各位」を使う。
「各位様」、「各位殿」とは言わない。

名乗りはできるだけ簡潔に。別の課に出す場合は課名も入れる。一般的には姓だけだが、同姓がいる場合はフルネームで。

上司に対して使うと、失礼だと思う人もいるので注意が必要。

補足説明

社内と社外で署名を使い分ける。社内の場合は社名や住所は不要。

問題1-2解答例

宛先： 包装資材部1課

件名： 吉井さんの歓迎会のお知らせ

包材1課各位

林浩です。 ← 名乗りの後に「お疲れさまです」を入れてもよい。

先日、日程調整をしました、吉井さんの歓迎会を以下の通り行います。
その後、参加できなくなった方がいらっしゃいましたら、林までご連絡ください。

日時：4月27日（水）　午後6時～8時
場所：焼き鳥　とびや　（会社から徒歩5分）
（ABCビル地下1階、TEL03-2344-567X、
地図http://www.abcdef.co.jp/）

← 日時や場所の情報は文章の中ではなく、一目でわかるよう1カ所にまとめる。

では、よろしくお願いします。

****
包装資材部1課
林浩（リンコウ）
linko@ymplastics.co.jp
内線1381
****

問題1-3解答例

宛先:	林浩（包材1課）
件名:	Re: 吉井さんの歓迎会のお知らせ

林浩様

木田です。
取りまとめ、ありがとうございます。

新入社員歓迎会ですが、27、28日に急な出張が入り、参加できなくなりました。
残念ですが、吉井さんはじめ、皆さんによろしくお伝えください。

****
包装資材部1課
木田斗真
tkida@ymplastics.co.jp
内線1383
****

- 同じ課内なので名前のみを簡潔に。

- 社内でも、ちょっとしたねぎらいの言葉を入れると人間関係の潤滑油になる。

2課

問題2-1 解答例

宛先： YMプラスティックス株式会社　包装資材部1課　林浩様

件名： 展示会のご案内（ポラリス西村）

YMプラスティックス株式会社
包装資材部1課　林浩様

株式会社ポラリス　営業部　西村です。
いつも大変お世話になっております。

さて、このたび弊社は、時代にマッチした食品包装加工をご提案する目的で全国食品包装加工の展示会に出展いたします。

つきましてはご多忙とは存じますが、ご来場くださいますようご案内申し上げます。

日時　6月15日（水）〜18日（土）　午前10時〜午後5時
場所　ABCメッセ　8Fホール
（詳細はhttp://www.abcmesse.co.jp/をご覧ください。）

なお、ご不明な点がございましたら、営業部西村までご連絡をお願いいたします。

****
株式会社ポラリス
営業部
西村義人
y_nishimura@polaris.co.jp
埼玉県北柏10
TEL　04-4444-XXX3
FAX　04-4444-XXX4
URL　http://www.polaris.co.jp/
****

注釈：
- 相手の会社名、部署名などは省略した形は使わない。名前に関しては、何回も取引をしているような場合は姓のみでもよい。
- 本題に入るときのマーカーとして、使われる。
- 前に述べたことに関連したことで、本題に入るときに使う。後に依頼表現が来ることが多い。
- 案内メールには問合せ先を書く。

問題2-2解答例

宛先:	株式会社ポラリス　営業部　西村義人様
件名:	展示会のご案内ありがとうございます。（YM-PS林）

→ タイトルをそのままにしないで、お礼表現に変える。

株式会社ポラリス営業部
西村義人様

YMプラスティックスの林浩です。
お世話になっております。

この度は丁寧なご案内をいただき、ありがとうございます。
ぜひ参加させていただきたいと存じます。
また、他の部署にも西村さんのメールを転送させていただきました。

→ 参加できない場合は納得できる理由を簡潔に書く。
例）あいにく、展示会の期間は出張と重なっています。

今後ともどうぞよろしくお願いいたします。

→ 終わりの挨拶としてよく使う。

****
YMプラスティックス株式会社
包装資材部1課
林浩（リンコウ）
linko@ymplastics.co.jp
東京都目黒区上目黒3　センチュリタワー 7F
TEL　03-5333-XXX5
FAX　03-5333-XXX6
URL　http://www.ymplastics.co.jp
****

問題2-3解答例

宛先：	包装資材部部員
件名：	Fw: 展示会のご案内

> 転送の場合、転送先の人に分かりやすいタイトルはそのままでよいが、転送相手により適宜修正する。

包材部各位

1課の林浩です。
お疲れ様です。

ポラリスの西村さんから展示会の案内が届きましたので、メールを転送します。
このような展示会で製品を見ておくことは営業に有益だと思いますので、お知らせします。

私は6月16日（木）の午後に展示会に行くつもりです。同行ご希望の方はご連絡ください。

****
包装資材部1課
林浩（リンコウ）
linko@ymplastics.co.jp
内線1381
****
----Original Message----
From: 西村義人（株式会社ポラリス営業部）
Sent: Wednesday, June 1, 20＊＊ 2:14 PM
To: 包装資材部1課　林浩様
Subject: 展示会のご案内

YMプラスティックス株式会社
包装資材部1課　林浩様

株式会社ポラリス　営業部　西村です。
いつも大変お世話になっております。
　　　＊＊＊以下省略＊＊＊

3課

問題3-1解答例

宛先：	YMプラスティックス株式会社　包装資材部1課　林浩様
件名：	展示会ご来訪のお礼（ポラリス西村）

YMプラスティックス株式会社
包装資材部1課　林浩様

株式会社ポラリス　営業部　西村です。
いつも大変お世話になっております。

さて、このたびはお忙しいところ展示会においでいただき、誠にありがとうございました。
営業サイドからの貴重なご意見をいただき、深く感謝しております。 ― 感謝の気持ちを具体的に伝える。

おかげさまで、多くの皆様にご来場いただき、新しい食品包装加工への関心が非常に高いことを改めて認識いたしました。 ― 「おかげさまで」はその後に続く内容について感謝の気持ちを表す。
杉浦様、金井様、吉井様にもよろしくお伝えください。

今後ともどうぞよろしくお願いいたします。

****
株式会社ポラリス
営業部
西村義人
y_nishimura@polaris.co.jp
埼玉県北柏10
TEL　04-4444-XXX3
FAX　04-4444-XXX4
URL　http://www.polaris.co.jp/
****

問題3-2 解答例

宛先：	包材1課　川上課長
件名：	6/16営業報告（林浩）
添付：	営業日報（林浩6/16）

川上課長

林浩です。

本日は午前中サンエーに行き、午後はポラリスの展示会に行きました。
展示会は盛況でした。
その後、吉井さんと3課の金井さんとともにサニーズを訪問しました。

詳細は添付の日報をご覧ください。
よろしくお願いします。

****
包装資材部1課
林浩（リンコウ）
linko@ymplastics.co.jp
内線1381
****

- タイトルに日にちと名前を入れておくと、受信者は整理がしやすい。

- 上司宛なので「お疲れ様です」は避け、名乗りのみにする。

- 相手が忙しく、日報をじっくり読む時間がないときのために要約を書いておく。

問題3-3解答例

             20XX年6月16日

川上課長

            包装資材部1課
             吉井　京子

       営業日報

業務内容
 09:00-09:30　　課内会議（目標達成報告と問題共有）
 10:30-11:00　　サンエー訪問同行（1課 林浩　クレーム対応）
 13:40-14:40　　全国食品包装加工展示会・ポラリス展示コーナー
       （1課 林浩、2課 杉浦、3課 金井）
 15:10-15:40　　サニーズ（1課 林浩、3課 金井）
 16:10-17:00　　事務処理作業
 17:05-17:20　　終礼ミーティング

報告事項
（1）全国食品包装加工展示会・ポラリス展示コーナー
  食品包装加工と言っても、実用的なものからギフト包装まで多様な包装がありました。
  多種多様な包装を目の当たりにし、包装資材の開発や包装加工技術が加速度的に進んでいると感じました。

（2）サニーズ
  担当の小泉美幸さんと初めて会い挨拶をしました。
  先方は、キャンペーンで使うノベルティグッズに興味をお持ちで、3課の金井さんが説明をしていました。私もそばでお話が伺え、YMプラスティックスの他の業務への理解も深まりました。

                以上

各種報告書は会社でフォームがある場合はそれに従う。

「元号（平成など）」を使う会社もあるので、会社の書式に従う。

事実を簡潔に書き、観察したことも適宜入れる。

取引先の状況がわかるように書く。

UNIT 2

4課

問題4-1解答例

宛先：	YMプラスティックス株式会社　包装資材部3課　金井大地様
件名：	化粧ポーチサンプル送付のお願い（サニーズ小泉）

YMプラスティックス株式会社
包装資材部3課　金井大地様

サニーズ　小泉です。
いつも大変お世話になっております。

先日はお忙しい中、お越しいただきありがとうございました。
秋のキャンペーンプレゼント商品について社内で検討した結果、化粧ポーチに決定いたしました。
候補を4点に絞ったのですが、最終決定は実物を拝見してからにしたいと思います。

つきましては、カタログp.12～p.13に掲載されているEBP11、EBR21、EBY31、EBG42のポーチのサンプルをお送りいただけますでしょうか。

よろしくお願いいたします。

****
株式会社サニーズ
運営業務課
小泉美幸
mkoizumi@sunnys.co.jp
東京都港区南青山1-1-1　ハイタワー 3F
電話　　　03-1111-XXX4
ファクス　03-1111-XXX5
URL　　　http//www.sunnys.co.jp/
****

相手の会社名、部署名などは省略した形は使わない。名前に関しては、何回も取引をしているような場合は姓のみでもよい。

名乗りは状況に応じて変える。何回もメールのやり取りをしている間柄なら最小限の情報でもよい。

立場が上の場合でも一言感謝表現を入れると印象がよくなる。

問題4-2 解答例

宛先：	株式会社サニーズ　運営業務課　小泉美幸様
件名：	化粧ポーチサンプルご送付（YM-PS金井）

株式会社サニーズ
運営業務課　小泉美幸様

YMプラスティックス　金井です。
いつもお世話になっております。

ご依頼のEBP11、EBR21、EBY31、EBG42のサンプルを本日、7月19日、タケル急便で発送いたしました。 ← 運送会社名を入れておいたほうが親切。
明日の午前中にはお手元に届くよう手配いたしましたので、ご確認ください。 ← 小泉さんの元にという意味。「御社」でもよい。

ご検討くださいますよう何とぞよろしくお願いいたします。

****
YMプラスティックス株式会社
包装資材部3課
金井大地
dkanai@ymplastics.co.jp
東京都目黒区上目黒3　センチュリタワー 7F
　TEL　03-5333-XXX5
　FAX　03-5333-XXX6
　URL　http://www.ymplastics.co.jp
****

問題4-3 解答例

宛先：	YMプラスティックス株式会社　包装資材部3課　金井大地様
件名：	化粧ポーチ発注（サニーズ小泉）

YMプラスティックス株式会社
包装資材部3課　金井大地様

サニーズ　小泉です。
いつも大変お世話になっております。

さっそくサンプルをお送りいただきありがとうございます。
社内で検討した結果、EBP11、EBG42をキャンペーン商品として採用することにしました。

注文内容は以下の通りです。 ← 表現のバリエーション「以下、注文内容です。」

・商品名　化粧ポーチ
・品番　　EBP11、EBG42
・数量　　各2,500個（計5,000個）
・納期　　8月10日

以上、よろしくお願いいたします。 ← 「以上」だけで終わると、失礼だと思う人もいるので注意が必要。

****
株式会社サニーズ
運営業務課
小泉美幸
mkoizumi@sunnys.co.jp
東京都港区南青山1-1-1　ハイタワー3F
電話　　03-1111-XXX4
ファクス　03-1111-XXX5
URL　　http//www.sunnys.co.jp/
****

5課

問題5-1解答例

宛先：	株式会社サニーズ　運営業務課　小泉美幸様
件名：	化粧ポーチ納期延長のお願い（YM-PS金井）

株式会社サニーズ
運営業務課　小泉美幸様

YMプラスティックス　金井です。
いつもお世話になっております。

先日ご注文いただいた化粧ポーチ（EBP11、EBG42）納期延長のお願いでご連絡いたします。　　　　　　　　　　　　　　　　　　　　　最初に用件を述べる。

実は、製造元の工場一帯で大規模な洪水が起こり、一時的に製造がストップしてしまいました。　　　　　　　　　　　　　　　　　　　　　事情を述べるときの文頭の表現。
現在では、提携工場の一部で製造を再開しておりますが、納期の8月10日に間に合いそうにありません。

つきましては、納期を1週間ほど延長していただけないでしょうか。
納品日は分かり次第、ご連絡いたします。　　　　　　　　　　　　　　　「分かったらすぐに」のビジネス表現。

御社にご迷惑をおかけすることになり申し訳ございませんが、　　　　　　「どうぞこちらの事情を
ご理解のほど何とぞよろしくお願いいたします。　　　　　　　　　　　　理解してください」という意味。
　　　　　　　　　　　　　　　　　　　　　　　　　　　　　　　　　　メール文の決まり文句。

****
YMプラスティックス株式会社
包装資材部3課
金井大地
dkanai@ymplastics.co.jp
東京都目黒区上目黒3　センチュリタワー 7F
　TEL　03-5333-XXX5
　FAX　03-5333-XXX6
　URL　http://www.ymplastics.co.jp
****

問題5-2解答例

宛先： YMプラスティックス株式会社　包装資材部3課　金井大地様

件名： 化粧ポーチ納期延長に関するお尋ね（サニーズ小泉）

YMプラスティックス株式会社
包装資材部3課　金井大地様

サニーズ　小泉です。
いつも大変お世話になっております。

化粧ポーチ納期延期についてのご連絡ありがとうございました。
洪水で提携先の工場が被害を受けたとのこと、対応が大変かとお察しいたします。

> 天災によって生じた不測のトラブルに対応していることに対して、ねぎらいの一言を入れる。

納期は1週間の延長でしたら秋のキャンペーンに支障が出ませんが、1週間以上延期になった場合は、予定を大幅に変更せざるを得ません。
そのためはっきりした納期をできるだけ早く把握しておく必要があります。

> どうしても〜なければならない

つきましては、納期が確定しましたら、すぐにご連絡いただけますでしょうか。

ご連絡をお待ちしております。
よろしくお願いいたします。

```
*******************************************
株式会社サニーズ
運営業務課
小泉美幸
mkoizumi@sunnys.co.jp
東京都港区南青山1-1-1　ハイタワー3F
電話　　03-1111-XXX4
ファクス　03-1111-XXX5
URL　　http//www.sunnys.co.jp/
*******************************************
```

問題5-3解答例

宛先:	YMプラスティックス株式会社　包装資材部3課　金井大地様
件名:	化粧ポーチ代金振込（サニーズ小泉）

YMプラスティックス株式会社
包装資材部3課　金井大地様

サニーズ　小泉です。
いつも大変お世話になっております。

さて、化粧ポーチの代金600,000円を9月5日に東西銀行中目黒支店の御社ご口座に振り込みましたのでご連絡いたします。

入金をご確認の上、ご連絡をいただけますでしょうか。
よろしくお願いいたします。

「～して／したら」のビジネス表現。

****
株式会社サニーズ
運営業務課
小泉美幸
mkoizumi@sunnys.co.jp
東京都港区南青山1-1-1　ハイタワー 3F
電話　　　03-1111-XXX4
ファクス　03-1111-XXX5
URL　　　http//www.sunnys.co.jp/
****

6課

問題6-1 解答例

宛先:	YMプラスティックス株式会社　包装資材部3課　金井大地様
件名:	在庫照会　お子様ランチのおもちゃ（サニーズ小泉）

YMプラスティックス株式会社
包装資材部3課　金井大地様

サニーズ　小泉です。
いつも大変お世話になっております。

お子様ランチにつけるおもちゃ（品番OCS-978）が好評で在庫が少なくなっています。 ── サニーズの在庫のこと。
在庫があるか調べていただけませんか。
在庫がある場合は、至急100箱お送りください。 ── YMプラスティックスの在庫のこと。文書の流れから間違う恐れはないが、心配な時は「そちらに」を付けても可。

お手数をおかけしますが、よろしくお願いいたします。

****
株式会社サニーズ
運営業務課
小泉美幸
mkoizumi@sunnys.co.jp
東京都港区南青山1-1-1　ハイタワー3F
電話　　　03-1111-XXX4
ファクス　03-1111-XXX5
URL　　　http//www.sunnys.co.jp/
****

問題6-2解答例

宛先：	株式会社サニーズ　運営業務課　小泉美幸様
件名：	Re：在庫照会　お子様ランチのおもちゃ（YM-PS金井）

株式会社サニーズ
運営業務課　小泉美幸様

YMプラスティックス　金井です。
いつもお世話になっております。

お子様ランチにつけるおもちゃ（品番OCS-978）の在庫のお問い合わせありがとうございます。 ← 最初に在庫問い合わせの礼を書く。
確認しましたところ、在庫がございます。
明日9月15日にタケル急便で100箱発送し、明後日9月16日には御社に届くよう手配いたしました。

今後ともよろしくお願いいたします。

****
YMプラスティックス株式会社
包装資材部3課
金井大地
dkanai@ymplastics.co.jp
東京都目黒区上目黒3　センチュリタワー 7F
TEL　03-5333-XXX5
FAX　03-5333-XXX6
URL　http://www.ymplastics.co.jp
****

問題6-3 解答例

宛先： 株式会社サニーズ　運営業務課　小泉美幸様

件名： Re：在庫照会　お子様ランチのおもちゃ（YM-PS金井）

株式会社サニーズ
運営業務課　小泉美幸様

YMプラスティックス　金井です。
いつもお世話になっております。

お子様ランチにつけるおもちゃ（品番OCS-978）の在庫のお問い合わせありがとうございます。

確認しましたところ、60箱は在庫がございます。
次の入荷は2週間後の予定になっております。
取り急ぎ60箱を明後日、9月16日着でお送りし、残りの40箱は2週間後に納入するということでよろしいでしょうか。

ご検討のほどよろしくお願いいたします。
ご連絡をお待ちしております。

****
YMプラスティックス株式会社
包装資材部3課
金井大地
dkanai@ymplastics.co.jp
東京都目黒区上目黒3　センチュリタワー7F
TEL　03-5333-XXX5
FAX　03-5333-XXX6
URL　http://www.ymplastics.co.jp
****

> 表現のバリエーション
> 「あいにく在庫が60箱しかございません。」

UNIT 3

7課

問題7-1解答例

宛先：	YMプラスティックス株式会社　包装資材部3課　金井大地様
件名：	ビニール製ラッピングペーパー未着の問い合わせ（ナカダ屋高井）

YMプラスティックス株式会社
包装資材部3課　金井大地様

ナカダ屋の高井です。
いつもお世話になっております。

さて、10月11日付で注文いたしましたビニール製ラッピングペーパー（BWP525）ですが、納期を過ぎていますが、まだ届いておりません。 ── 現状を分かりやすく説明する。

10月12日付でいただいた注文確認メールでも10月19日納品となっております。 ── 確かに相手のミスであることを確認し、クレームの根拠を示す。
この商品はお得意様から急ぎの納期で注文を受け、御社に発注したものです。
お得意様との関係もあり、弊社としましてはこの事態に困惑しております。 ── 相手のミスを責める表現は避け、相手への配慮を表す表現を入れる。

何かの手違いとは存じますが、至急調査の上、ご連絡くださいますようお願いいたします。 ── どのように対応してほしいかを書く。

****
株式会社ナカダ屋
販売部
高井優
ytakai@nakadaya.co.jp
東京都台東区浅草1-2-3　浅草ビル1F
　TEL　03-9999-XXX3
　FAX　03-9999-XXX4
****

問題7-2解答例

宛先：	株式会社ナカダ屋　高井優様
件名：	Re: ビニール製ラッピングペーパー未着の問い合わせ（YM-PS金井大地）

株式会社ナカダ屋
高井優様

YMプラスティックスの金井です。
いつもお世話になっております。

お問い合わせの商品、ビニール製ラッピングペーパー（BWP525）が未着であるとのこと、誠に申し訳ございません。
心からお詫び申し上げます。 　　　　　　　　　　——挨拶の後、すぐにお詫びの言葉を書く。

出荷状況を調査いたしましたところ、発送担当者に情報が正確に伝わっていなかったために、10月20日が発送予定となっていたことが判明いたしました。 　　　　　　　　　　——原因について説明する。
商品はすでに発送されておりますので、本日21日午後には御社に届くものと存じます。 　　　　　　　　　　——クレームへの対応について述べる。

このたびの件は社内の連絡に不十分な点があったものと、深く反省しております。
今後はこのようなことを繰りかえさないよう、社内連絡と確認作業を徹底して参る所存です。 　　　　　　　　　　——最後にもう一度謝ると同時に、ミス防止の対策についても述べておく。

今後ともどうぞ変わらぬご愛顧を賜りますよう、よろしくお願い申し上げます。

****
YMプラスティックス株式会社
包装資材部3課
金井大地
dkanai@ymplastics.co.jp
東京都目黒区上目黒3　センチュリタワー7F
　TEL　03-5333-XXX5
　FAX　03-5333-XXX6
　URL　http://www.ymplastics.co.jp
****

問題7-3解答例

宛先:	YMプラスティックス株式会社　包装資材部1課　林浩様
件名:	キャラクター付きビニール袋の数量不足についてのご照会（ピークス佐藤）

YMプラスティックス株式会社
包装資材部1課　林浩様

ピークス　佐藤です。
いつも大変お世話になっております。

本日、キャラクター付ビニール袋（品番CTB200）を納品いただいたのですが、数量を確認したところ、20パックしか届いておりませんでした。
10月14日付の注文書では、確かに25パック注文しております。
お手数ですが、ご確認の上、不足分5パックを至急ご手配いただけますでしょうか。

よろしくお願いいたします。

****
ピークス株式会社
佐藤圭子
kesato@peaks.co.jp
東京都大田区蒲田8-7　パシフィックビル10F
電話　　03-8888-XXX3
ファクス　03-8888-XXX4
URL　　http://www.peaks.co.jp/
****

> 「納品」「納入」など、物の移動が意味に含まれている語は補助動詞の使い方に注意が必要。

問題7-4解答例

宛先：	ピークス株式会社　佐藤圭子様
件名：	Re：キャラクター付きビニール袋の数量不足についてのご照会（YM-PS林浩）

ピークス株式会社
佐藤圭子様

YMプラスティックス　林浩です。
いつも大変お世話になっております。

この度は25パックご注文いただきましたキャラクター付ビニール袋（品番CTB200）が20パックしか届かなかったとのこと、誠に申し訳ございません。
心よりお詫び申し上げます。

出荷状況を確認しましたところ、こちらの手違いで御社にお送りするはずの5パックが手元に残っておりました。
不足分の5パックを発送いたしましたので、明日には御社に届くものと存じます。

この度の件は確認作業の不備があったものと深く反省しております。今後はこのような初歩的なミスを繰り返さないよう、出荷確認を徹底させる所存でございます。

引き続き変わらぬご愛顧を賜りますよう、よろしくお願い申し上げます。

****
YMプラスティックス株式会社
包装資材部1課
林浩（リンコウ）
linko@ymplastics.co.jp
東京都目黒区上目黒3　センチュリタワー7F
TEL　03-5333-XXX5
FAX　03-5333-XXX6
URL　http://www.ymplastics.co.jp
****

「こちら」「当方」は自分を指す表現。
メールは話し言葉の延長なので「貴社」ではなく「御社」を使うことが多い。

お詫びのメールは親しい関係であっても、丁寧な表現を使う。
例「～ものと存じます」「所存でございます」など

8課

問題8-1解答例

宛先：	包材部森田部長、包材1課川上課長、包材3課金井、包材1課林浩、配送部鈴木部長、配送部近藤課長、配送部渡辺
件名：	ミス多発防止対策会議開催のお知らせ（包材1課 鈴木）

関係者各位

包材1課の鈴木です。

最近、納入時のミスが続き、取引先からのクレームが多数寄せられています。そのため、ミスを防止するための対策を立てることが急務となりました。

> 急いでしなければならない任務や仕事。

つきましては、以下の通り、包材部と配送部合同のミス多発防止対策会議を開催いたしますので、ご出席ください。

■日時：11月8日（火）15時～16時
■場所：会議室1
■議題：包材部と配送部の連絡システムの見直し

> ビジネス文書では箇条書きは初めに「記」、終わりに「以上」と書くが、メールでは箇条書きにしても「記」「以上」を省くことが多い。

以上、よろしくお願いいたします。

```
***********************************
包装資材部1課
鈴木香
kaorisuzuki@ymplastics.co.jp
内線1382
***********************************
```

問題8-2解答例

20XX年11月9日

作成者　包装資材部1課
　　　　林浩

ミス多発防止対策会議議事録

1. 日時　　　11月8日（火）　15:00 〜 16:00
2. 場所　　　会議室1
3. 出席者　　包材部：森田部長、川上課長、金井、林浩
　　　　　　 配送部：鈴木部長、近藤課長、渡辺
4. 議題　　　包材部と配送部の連絡システムの見直し
5. 議事内容
　（1）過去7か月間の受注件数とクレーム発生件数の推移の説明
　（2）現在の連絡システムの概要と問題点の説明
　　　・包材部、配送部双方で連絡に関して社内規定が守られていない場合がある。
　　　・包材部で配送完了の確認が不十分な場合がある。
　（3）クレームが生じた件の原因説明
　　　・社内規定が守られていなかった。
　　　・誤解が生じやすい電話を連絡手段として使用していた。
6. 決定事項
　・今後電話連絡の使用禁止
　・NACシステム社の「クラウド配送支援システム」の導入
7. 資料
　・20XX年4月から20XX年10月までの受注件数とクレーム発生件数の推移の表、およびグラフ
　・NACシステム社「クラウド配送支援システム」カタログ
8. その他
　ソフトの導入は来月中旬になる予定。詳細については追って関係者全員に文書で連絡する。

以上

注釈：
- 包材部・配送部合同会議が定期的に行われているような場合は、「包材部・配送部合同会議」としてもよい。
- 職位順に書く。「さん」のような敬称は付けない。
- 横書き文章の見出し番号に漢数字は使わない。見出し番号の種類には階層性があり、通常（1）（2）…は1、2…より下。

問題8-3解答例

宛先：	包材部森田部長、包材部川上課長（以下省略）
件名：	ミス多発防止対策会議議事録の送付（林浩）

皆様

包材1課　林浩です。
お疲れ様です。

一昨日のミス多発防止対策会議の議事録を添付いたします。
送付が遅くなり申し訳ありません。
ご確認のほど、よろしくお願いします。
内容についてお気づきの点がありましたら、ご指摘ください。

****
包装資材部1課
林浩（リンコウ）
linko@ymplastics.co.jp
内線1381
****

> 課題8-1は通知メールなので「関係者各位」となっているが、この程度の内容の場合は「皆様」でも構わない。

> 議事録のような文書は、他の参加者からのフィードバックを求める一言を加える。

UNIT 4

9課

問題9-1解答例

宛先：	PSS経営研究所　矢上啓太先生
件名：	営業力アップセミナー講師のお願い（YMプラスティックス株式会社人事部　河本）

講師を依頼する場合は、敬称を「先生」とすることも多い。

PSS経営研究所
矢上啓太先生

突然のメールで失礼いたします。
YMプラスティックス株式会社　人事部の河本直美と申します。

初対面の人に初めてメールする場合は、事前に電話で一言断る方が丁寧。電話番号がわからなかったり、連絡はメールで、という人には、この挨拶を。

この度は、先生に中堅社員向けセミナーの講師をお願いしたく、ご連絡いたします。

初めに依頼概要を一言で述べる。

テーマは「チームで営業力アップ」で、現在個人営業中心の現場にチーム営業を取り入れ、営業力強化につなげることが目的です。
先生は企業研修セミナーの講師の経験も豊富であり、ご著書『営業改革　チームワーク力』には、チーム営業の有効性が実践例を挙げながら詳細に書かれています。お話を伺うことができれば弊社の営業力アップにつながると確信しております。

講師をお引き受けくださればい幸いに存じます。

セミナーの概要は以下の通りです。
■テーマ　チームで営業力アップ
■日時　　9月8日(木)　午後2時～4時
（時間は多少前後しても構いません）
■場所　　弊社会議室
（地図はhttp://www.ymplastics.co.jpをご覧ください）
■参加者　弊社中堅社員約20名
■謝礼　　20万円（交通費別）

「弊社の会議室」のように「の」を入れる必要はない。

よろしくご検討のほど、お願い申し上げます。

「ご検討のほど、よろしくお願い申し上げます。」でもよい。

****
YMプラスティックス株式会社
人事部
河本直美
＊＊＊以下省略＊＊＊

問題9-2解答例

宛先：	YMプラスティックス株式会社　人事部　河本直美様
件名：	Re: 営業力アップセミナー講師のお願い

YMプラスティックス株式会社　人事部
河本　直美様

PSS経営研究所の矢上　啓太です。

この度は、セミナー講師のお話をいただき、ありがとうございました。
誠に光栄に存じます。
しかしながら、9月はいくつかのセミナーを引き受けているため忙しく、ご依頼の9月8日もすでに予定が入っております。
そのため、大変残念ですが、ご依頼をお受けすることができません。
お役に立てず、申し訳ありません。

また別の機会にお声掛けいただければ嬉しく存じます。

今後ともどうぞよろしく願い申し上げます。

****
PSS経営研究所
矢上　啓太
keita_yagami@pss.co.jp
東京都千代田区丸の内1－2－3サウスビル8F
電話　　　03-1234-XXX3
ファクス　03-1234-XXX4
****

Re:で返信してもよいが、「講師依頼へのお返事」など内容に合わせて修正してもよい。
一連のやり取りの場合、件名をそのままにしておいた方が後から検索がしやすい。

仕事の依頼には、まず礼を述べる。

断る理由を具体的に述べる。

将来的に仕事を受ける意志がある場合は、今後につながる一言を入れる。

問題9-3解答例

宛先：	YMプラスティックス株式会社　人事部　河本直美様
件名：	Re: 営業力アップセミナー講師のお願い

株式会社YMプラスティックス　人事部
河本　直美様

PSS経営研究所の矢上　啓太です。

この度は、セミナー講師のお話をいただきありがとうございました。 ── 仕事の依頼には、まず礼を述べる。
お引き受けしたいと思いますが、いくつか確認させてください。 ── 承諾の意志がある場合は、はっきり示す。

■前半を講義、後半をグループワークと討論という形を取りたいと ── 確認したい点を箇条書きにすると読みやすい。
考えています。
2時間では時間が十分ではないので、3時間にすることは可能でしょうか。

■5つのグループに分けてグループワークを行いたいと思います。
各グループにホワイトボードを1面ずつご用意いただきたいのですが可能でしょうか。

■スライドを使用する予定です。
スクリーンとプロジェクターは設置されていますでしょうか。
インターネットも使用したいと考えておりますが、アクセス可能でしょうか。
パソコンは持参しても構いませんが、できれば御社で用意していただけると助かります。

以上3点について確認させていただけますでしょうか。
どうぞよろしくお願い申し上げます。

****
PSS経営研究所
矢上　啓太
keita_yagami@pss.co.jp
東京都千代田区丸の内１－２－３サウスビル8F
電話　　03-1234-XXX3
ファクス　03-1234-XXX4
****

10課

問題10-1解答例

20XX年4月20日

高木部長

人事部
河本直美

営業力アップセミナー貸し会議室および備品レンタルの件

標記の件、下記のとおりレンタルしてよいかお伺いいたします。

1. 理由
   9月8日（木）実施の「営業力アップセミナー」講師、矢上啓太氏（PSS経営研究所）からの要望のうち、以下のものを用意することができない。よって、貸し会議室と備品をレンタルするものである。
   - インターネットアクセスができる会議室
   - ホワイトボード4面

2. 予算
   A社（取引実績及び価格面で有利）に依頼する場合：
   - 貸し会議室（インターネットアクセス可）
     （プロジェクター、スクリーン、マイク、ホワイトボード1面込み）
     4時間　　　　　：44,500円
   - ホワイトボード4面：　4,320円

3. 添付書類
   A社、B社、C社、3社からの見積書とカタログ

3社を比較検討した結果、A社の上記価格は妥当なものと判断します。

以上

※ 稟議書には様々な形式があるので、社内の書き方に合わせる。

※「標題」でもよい。

※ 理由、予算などの詳細については「だ・である」や箇条書きを使うが、最初と最後の文は「です・ます」で丁寧に書く。

※「したがって」の意味

問題10-2解答例

宛先： PSS経営研究所　矢上啓太先生

件名： セミナー講師ご快諾ありがとうございます

> 返信機能を使うと「Re: 営業力アップセミナー講師のお願い」になるが、内容によって書きかえたほうがよい場合もある。

PSS経営研究所
矢上啓太先生

お世話になっております。
YMプラスティックス株式会社　人事部の河本です。

この度は、ご多忙の中、弊社の中堅社員向けセミナーの講師をお引き受けいただき、誠にありがとうございます。
お尋ねのありました件につきましてご連絡いたします。

1. セミナーの時間ですが、予算の都合上、謝金の増額が叶わない状況です。
   それでよろしければ、3時間は可能です。

2. プロジェクター、スクリーン、マイク、ホワイトボード5面は用意できます。

3. 弊社の会議室からはインターネットアクセスができません。

> 質問への回答は、項目別にした方が読みやすい。

大変申し訳ありませんが、以上の条件でプログラムを組んでいただけないでしょうか。
ご検討のほど、どうぞよろしくお願い申し上げます。

****
YMプラスティックス株式会社　人事部
河本　直美
・・・・・・・・・以下省略・・・・・・・・・

UNIT 5

11課

問題11-1解答例

20XX年6月10日

作成者　包装資材部1課
　　　　加山凜太郎

販売促進会議議事録

1. 日時　　20XX年6月9日（木）　10:00～11:00
2. 場所　　第2会議室
3. 出席者　川上課長、鈴木、木田、林浩、加山（欠席　吉井）
4. 議題　　新規顧客開拓
5. 議事内容
    ① 数年来の業績低迷打破のために大口の新規顧客開拓の必要性から回転寿司チェーン「すし太郎」との取引を提案（林浩）
    　　理由1：競争が激しい回転すし業界で業績を伸ばしている。
    　　理由2：全国展開をしている。
    ② 新規に提携した深セン工場から安価で良質の業務用ゴミ袋を仕入れられる。深センでは建設ラッシュで過当競争が続いているので、大量注文すれば価格がより下げられる可能性がある。（鈴木）
    ③ 業務用ゴミ袋はリスクが少ないのでいい。（木田）
    ④ 業者は仕入先を変えたがらないことが多い。特に古い付き合いの場合は難しい。（川上課長）
6. 決定事項
    「すし太郎」を新規のターゲットにする。
    【そのための手順】
    ・YM-PSと取引があり、かつ、「すし太郎」とも取引がある会社を調査（担当：加山）
    ・その会社にコンタクトし、「すし太郎」の紹介を依頼（担当：林浩）
7. 資料
    「すし太郎」過去3年間の業績資料
8. 次回予定
    ・7月4日（月）10:00～11:00
    ・議題　「販売促進進捗状況報告」
    ・場所は追って連絡

　　　　　　　　　　　　　　　　　　　　　　　　　　　以上

> 議事録には発言者の名前を書く場合もある。

> この後には何も書いてないことを示すために「以上」と書く。

問題11-2 解答例

宛先：	包装資材部1課　加山凜太郎
件名：	議事録作成ありがとうございました。（林浩）

加山様

林浩です。
お疲れ様です。

議事録作成、ありがとうございました。
私が長々と話したことが簡潔にまとめられ非常に分かりやすかったです。 ── 最初にいい点を褒める。

議事録を読んで2、3気になった点を伝えておいたほうがいいかと思いました。 ── 「いいと思う」より婉曲的な表現
吉井さんは欠席だったと思いますが、議事録では出席者は課員全員となっています。
また、「すし太郎」の過去3年間の業績も配付したので、配付資料として記載したほうがいいでしょう。

議事録は記録として残るものです。
後で読み返しが必要になった場合、問題が起きないよう正確さが求められます。

なるべく早く訂正し再送すれば全く問題ないと思います。
細かいことを書いてしまいましたが、気にしないでください。

****
包装資材部1課
林浩（リンコウ）
linko@ymplastics.co.jp
内線1381
****

12課

問題12-1解答例

宛先:	株式会社すし太郎　総務部　内田博美様
件名:	【お願い】YMプラスティックスとの面談（ダイヤフードサプライ近藤）

株式会社すし太郎
総務部　内田博美様

ダイヤフードサプライの近藤です。
いつも大変お世話になっております。

本日はお願いがあり、メールいたしました。
実は、弊社の取引先であるYMプラスティックスさんが御社とのお取引を希望しています。　←「会社名+さん」をつけるのが一般的
YMプラスティックスさんはプラスティック製品全般を扱っている会社です。
あいにく御社のどなたとも面識がないということで、営業担当の林浩さんから私に紹介依頼のメールがありました。
弊社ではここ10年ほどお取引がありますが、非常にしっかりした会社です。　←紹介する会社について好意的に説明する。

林さんと一度会っていただけませんでしょうか。
内田さんのお返事をいただきましたら、私から林さんにお伝えします。

お忙しいとは存じますが、何とぞよろしくお願いいたします。

****
株式会社ダイヤフードサプライ
販売促進部
近藤雅夫
kondo_m@diafoodsupply.co.jp
東京都江東区有明1-2-3
　TEL　　　03-3456-XXX3
　ファクス　03-3456-XXX4
　URL　　　http//www.diafoodsupply.co.jp/
****

問題12-2解答例

宛先： 株式会社すし太郎　総務部　内田博美様

件名： 面談のお願い（YM-PS包装資材部1課林浩）

株式会社すし太郎
総務部　内田博美様

株式会社ダイヤフードサプライの近藤様よりご紹介いただいた
YMプラスティックス株式会社包装資材部1課の林浩と申します。

このたびはお忙しい中、面談をご快諾いただき誠にありがとうございます。

弊社はプラスティック製品全般を扱っております。
今期より安価で高品質の業務用ゴミ袋をご提供できるようになりました。

そこで一度内田様にお会いし、弊社が扱っている商品についてお話をさせていただければと考えております。
来週中でしたらご都合のよろしい時間に御社に伺います。

ご連絡をお待ちしております。
何とぞよろしくお願いいたします。

```
*******************************************
YMプラスティックス株式会社
包装資材部1課
林浩（リンコウ）
linko@ymplastics.co.jp
東京都目黒区上目黒3　センチュリタワー 7F
TEL　03-5333-XXX5
FAX　03-5333-XXX6
URL　http://www.ymplastics.co.jp
*******************************************
```

（注釈）
- 「お忙しい中」→「お忙しいにもかかわらず」と同じ
- 「ご快諾いただき」→「快く引き受けていただき」と同じ

問題12-3解答例

宛先： 株式会社ダイヤフードサプライ　近藤雅夫様

件名： 【お礼】すし太郎　内田様との面談成立（YM-PS林浩）

株式会社ダイヤフードサプライ
近藤雅夫様

YMプラスティックス、林浩です。
いつもお世話になっております。

すし太郎の内田様と面談の約束が取れました。
近藤さんがご紹介くださったおかげです。
お忙しい中わざわざ内田様に連絡をしてくださり感謝しております。 ── 協力してくれたことに対しての礼
本当にありがとうございました。
これからも何とぞよろしくお願いいたします。

****
YMプラスティックス株式会社
包装資材部1課
林浩（リンコウ）
linko@ymplastics.co.jp
東京都目黒区上目黒3　センチュリタワー 7F
TEL　03-5333-XXX5
FAX　03-5333-XXX6
URL　http://www.ymplastics.co.jp
****

UNIT 6

13課

問題13-1解答例

20XX年1月25日

川上課長

　　　　　　　　　　　　　　　　　　　　包装資材部1課
　　　　　　　　　　　　　　　　　　　　　　　林　浩

中国出張報告書

以下のとおり出張の報告をいたします。

1. 出張期間　　1月21日～1月24日
2. 出張先　　　上海事務所（1月21日）
　　　　　　　上海塑胶製品工場（1月22日）
　　　　　　　深セン塑胶有限公司（1月23日）
3. 出張目的　　①上海事務所の現状と課題の把握
　　　　　　　②各工場の視察
4. 面談者　　　上海事務所　田中所長
　　　　　　　上海塑胶製品工場　郭杰総経理
　　　　　　　深セン塑胶有限公司　周楊総経理
5. 出張結果
　　①上海事務所
　　　　田中所長の現地報告書に書かれていた通り、取引量が2年前と比較すると3倍以上に増えている。そのため、土日出勤を余儀なくされている状況である。
　　　　　→職員を新たに1人採用する必要性大
　　②上海塑胶製品工場
　　　　印刷間違いなど度重なるミスの原因を調査した結果、指示系統が整っておらずシステム化されていないことが分かった。
　　　　　→マニュアルの見直しが必要
　　③深セン塑胶有限公司
　　　　最新の機械を取り入れ、稼働率は上海の1.5倍である。
　　　　工員の態度もよく、上からの指示が行き届いている。
　　　　価格についてはまだ下がる余地がある。
　　　　　→主要工場を今の上海から深センに移すことを提案

　　　　　　　　　　　　　　　　　　　　　　　　　　　以上

※ 箇条書きで簡潔に分かりやすくまとめる。

※ 事実と意見を分けて書く。

問題13-2解答例

宛先： 包装資材部1課　林浩

件名： 【確認】出張経費精算書の提出（経理部　秋田）

包装資材部1課　林浩様

経理部の秋田です。
お疲れ様です。

上海出張経費の精算書がまだ提出されていないようです。
こちらの記録では1月24日に帰国され、25日に出社されています。
社内規定では出社後3日以内に提出となっています。
事務処理のために必要ですので、すみやかにご提出ください。

よろしくお願いします。

****
経理部
秋田由美子
yakita@ymplastics.co.jp
内線　4122
****

> 未提出の確率が非常に高いが、相手が既に提出している可能性もあるという含みを込めた推量表現。

問題13-3解答例

宛先：	経理部　秋田由美子
件名：	出張経費精算書未提出のお詫び（林浩）
添付：	上海出張経費精算書（林浩）

経理部　秋田由美子様

包材1課の林浩です。
お疲れ様です。

出張経費の精算書未提出の件、大変申し訳ありませんでした。
25日に提出するつもりでしたが、失念しておりました。　　← うっかり忘れてしまいました。
添付ファイルでお送りします。
ご確認ください。

ご迷惑をおかけし、申し訳ありませんでした。
以後、期限内に提出するよう気を付けますので、よろしくお願いします。

****
包装資材部1課
林浩（リンコウ）
linko@ymplastics.co.jp
内線1381
****

14課

問題14-1 A. 省略

問題14-1 B. 解答例

20XX年2月15日

森田部長

包装資材部1課
林　浩

始末書

　私、林浩は、20XX年2月14日午後3時ごろ、取引先のナカダ屋からJR山手線で社に戻る途中、契約関係の書類が入った鞄を紛失してしまいました。書類を入れた鞄を電車の網棚に乗せていましたが、失念してしまい、渋谷で下車してしまったためです。 — 1. 事実関係の説明
　　　　　　　　　　　　　　　　　　　　　　　　　　　　　　 — 2. その事態に至った原因

　下車後鞄を忘れたことにすぐに気づき、ただちに駅員から車掌に連絡し確認してもらいましたが、鞄は見つかりませんでした。その後、遺失物として届けを出し、JRおよび警察が捜索を続けておりますが、いまだに連絡がありません。 — 1. 事実関係の説明

　私の不注意により、会社と取引先に重大なご迷惑をおかけしましたことは誠に申し訳なく、心よりお詫び申し上げます。 — 3. お詫び・反省

　今後は二度とこのような事態をおこさないように十分に注意することを誓います。 — 4. 再発防止の決意表明

　また、今回の件につきましてはいかなる処分を受けましても異存はございません。

以上
署名　押印

問題14-2解答例

20XX年2月28日

森田部長

包装資材部1課
吉井京子

始末書

　私、吉井京子は、20XX年2月27日午後2時から4時の間に、会社から貸与されているスマートフォンを紛失してしまいました。2時にサニーズから社に戻る際に木田課員に電話連絡をしましたので、紛失したのは2時以降だと思われます。社に戻ってから4時ごろ着信記録を確認しようとしたところ、見当たらず紛失したことに気がつきました。社内を捜しましたが見つかりませんでした。駅、警察にも問い合わせましたが、まだ連絡がありません。すぐに契約している電話通信会社には通信停止処置を依頼しましたので、現在は使用できる状態ではありません。

　私の不注意により、会社に多大なご迷惑をおかけしたことを深く反省いたします。
　今後は二度とこのような不始末を繰り返さないよう十分注意することを誓います。

以上
署名　押印

※状況や過失のレベルに応じて表現は変わる。